フランス式
おしゃれの引き算

はじめに

世界中の誰もが憧れる国、フランス。

雑誌やネット、テレビなど、メディアに登場するフランスの女性たちはため息が出るほど美しく、見とれてしまいますね。

そんな美しい女性たちを見ると、フランス人はファッションや美容のことを第一に考え、お金も時間もかけて美しさを保っているように感じてしまうかもしれません。実際、化粧品も洋服もバッグも、一流ブランドと呼ばれるものはフランス製ばかりなので、そう感じても不思議ではないと思います。

しかし、実際にフランス人の暮らしにふれてみると、私たちが思い込みで作り上げたイメージとはまるで違うライフスタイルに驚かされます。そのライフスタイルは、シンプルそのもの。フランスの女性は、美容やファッションに手をかけすぎず、「引き算」のライフスタイルで美しく輝いているのです。

ネットや雑誌を見ればフランスの情報は山ほど見つかりますが、その多くはフランス製品の紹介や観光地の情報などで、実際の暮らしにふれたものは少ないように感じます。この本で、日本ではあまり紹介されることがないフランス女性のライフスタイルや美の秘訣にふれて頂けたらうれしいです。

MIKA POSA

もくじ

上／美しさと凛々しさを兼ねそなえたフランス人女性。立ち姿も絵になります。
右／フランス人が好む大きめのアクセサリーは、個性が際立つアイテム。

年齢を問わず愛用されているベーシックな黒い服。自分らしく着こなして。

右／レジ袋の使用が禁止されているフランスでは、買い物カゴは毎日の暮らしに欠かせない必需品。色も形も豊富で、どれも素敵。
下／赤いベレー帽がお似合いのマダム。公園が多いパリでは、散歩の途中にベンチでくつろぐ人も。

屋外で音楽やダンスを楽しむことも。いくつになっても、人生はバラ色。

上／グレイヘアに近づく髪に、カチューシャでアクセントをつけて。スカーフはマダムの定番。右／無造作な髪とラフなファッションで犬の散歩。気負わないおしゃれが魅力。

Chapitre 1

Visage
フェイス

1

美人は顔を洗わない

しっとりすべすべで、きめの細かいきれいな肌でいたい……。年齢を問わず、女性なら誰もが願うことですね。そんなとき、スキンケアの基本中の基本は、「洗顔」だと考える人が多いのではないでしょうか。寝起きの顔をスッキリさせてくれる洗顔。そして、一日の疲れをオフする洗顔。メイクしたまま寝てしまうなんて、言語道断。洗顔は、肌を守るうえで一番大切だと思います。

Chapitre 1

Visage
フェイス

多くの日本人が憧れるフランスの美しい女性たちも、さぞしっかりと洗顔しているだろうと思いきや、驚くべきことに顔を洗わないフランス人が多いのです。ちょっと信じがたいですよね。私も、初めて聞いた時はとても驚きました。

では、どうしているのかというと、顔を洗う代わりに拭き取り用の化粧水をコットンに含ませて顔を拭いているのです。水道水で洗った方が、さっぱりするのでは？　と思うかもしれませんが、日本とフランスの風土には大きな違いがあり、そのためにスキンケアの考え方が大きく違っているのです。その鍵は、「水」です。

実は、フランスの水道水は石灰分が多く、あまり頻繁に顔を洗ったり、髪を洗ったりすると、肌や髪に負担がかかってしまうのです。実際、フランス人の友だちから「日本人は毎日髪を洗う習慣があるみたいだけど、フランスで毎日洗ったら、石灰分の影響で髪が傷むし、色も変色すると思うから気をつけてね」とアドバイスされたことがあります。短い旅行程度なら、気にしなくていいと思いますが、長期で滞在する場合は影響があることを実感しました。

もうひとつ、顔を洗わない理由としてあげられるのが乾燥した気候です。ヨーロッパを旅行した時に、下着やTシャツを洗ってホテルの浴室などに干しておくと、あっというまに乾いてしまったという経験をした方もいるかもしれません。それほど、フランスは湿度が低く乾燥しているのです。そうした気候の中、さらに硬質の水で毎日顔を洗うというのは、肌に負担をかけるだけで、スキンケアとはほど遠いことになってしまうわけです。

そんな実情をふまえて、顔の汚れは化粧水で拭き取り、保湿成分たっぷりのクリームで肌を守るという習慣が生まれたのだと思います。

私たちにとっては「美容の基本」として広まっている洗顔も、住んでいる場所の気候や、肌質、体質、年齢などで、当てはまらない場合もあるのですね。私も年齢が節目になると、肌の調子を見て、愛用する化粧品を見直しています。そんな時は、3種類使っていた化粧品を2種類にするなど、数を減らすことが多いです。よかれと思って使っていた美容液やクリームがかえって肌に負担を与えている場合もあるのです。シンプルなスキンケアにすれば、肌が本来持っている力が再生し、思ったよりきれいになって、ちょっと得した気分になれたりします。自分にとってベストなスキンケアを見つけ、きれいな肌を保ちたいですね。

2

ノーメイクで美肌を守る

日本の雑誌やネットの記事を見ると、イメージどおりのメイクをするにはどうすれば良いか、どんなメイク道具を使えばより美しくなれるかなどなど、メイクに関する情報が溢れているように思います。大人向けの雑誌ばかりでなく、小学生が読む雑誌にもメイクグッズがたくさん紹介されていたり、最近では男性用の美容用品も売れ行きがいいようですから、現在の日本では老若男女がメイクに関心があると言ってもいいかもしれないですね。

日本では、ノーメイクで外出するのはありえないというほど、メイクを重用視する傾向があるように感じます。身だしなみとして、メイクが必要な場面は多々あると思いますが、メイクを必要としすぎ（頼りすぎ？　依存しすぎ？）な気もします。

フランスの女性は日本の女性と考え方が違い、スキンケアは必要だけれど、メイクはしなくても構わないという人が多いです。私が親しくしているフランス人を見ても、パリの町を歩いている女性を見ても、バッチリとメイクをしている人は少ないです。もともとナチュラル思考のフランス人は、素顔の美しさを尊重しているのでしょう。

それに、メイクをするということは、メイクを落とす作業も必要になり、よりしっかりした洗顔が必要になってきます。あまり語られていませんが、実はメイクを落とす作業は、メイクをするよりはるかに肌に負担をかけてしまうのです。

最初の項目『美人は顔を洗わない』でふれたように、フランスでは肌に負担をかけないスキンケアが好まれています。そのためメイクをし、メイクを落とすという行為は、なるべく避けたいことだと思います。

それに、メイクをしなければ、メイク用品代も節約できるうえ、容器やチューブなどのゴミも出さずに済みます。お金も貯まり、エコにも貢献できて一石二鳥です。

そんなフランス人がメイクをする時は、目元にマスカラだけ使うとか、口紅だけつけるとか、顔を印象的に見せるためのワンポイントメイクが主流です。ファンデーションなどを使って、しっかりしたフルメイクをしている女性は、あまり見かけません。フルメイクをしなくても、どの程度手を加えれば、自分が一番美しく輝けるかということを分かっているのだと思います。

フランスの女性が、日常的なメイクを重視しないのは、ありのままの姿が一番美しいと考えているからでしょう。自分にあったスキンケアを続けてきれいな肌を保ち、いきいきと過ごすことが、メイクをするより魅力的ですてきなことだと考えられているんですね。

3

シワが増えるほど美しい

日本の女性が、自分の顔の中で一番気にするのは、目でも鼻でも口でもなく、「シワ」のような気がします。目尻のシワが、どんどん深くなってきた。笑いジワが気になる。おでこのシワを隠したくて前髪を作った。気づいたら口元のシワが増えてしまい歳を感じるなどなど…。まわりから見ると、あまり気にならないわずかなシワでも、日本の女性にとっては人生を左右する大問題のようで、「シワ」というものに一喜一憂する話をよく耳にします。

はたして、シワはそこまで女性の天敵なのでしょうか。

シワを嫌う日本人には、なかなか理解できないかもしれませんが、フランスの女性は、シワができることを気にしていません。というのも、シワが増えても女性の美しさは変わらないと考えられているからです。シワは、人生の年輪であり、生きてきた証です。なので、深く刻まれても決して恥じるものではありません。

シミやシワができるからという理由で、日本人が敬遠しがちな屋外でのレジャーも、フランス人は大好きです。バカンスシーズンの海岸は、ホテルや別荘などに長期滞在するフランス人でごった返します。また、森に出かけてピクニックをしたり、ベリー類を摘むのもフランスでは定番の休日の過ごし方。そうして屋外に繰り出して日の光を体中に浴び、小麦色の肌を手に入れることは、フランス人にとってなにものにも代え難い至福のひとときです。

また、パリのマダムたちは、シワがあるからといって、それを隠したり、目立たないように消極的な服装をすることはありません。むしろますます大胆な服装になって、若い頃はしなかった明るい色づかいの華やかなファッションやメイク

を楽しんでいる姿も目にします。年齢を重ねたからこそできるスタイルがあることを知っていて、それを実践しているのです。恋多きフランス人ですから、伴侶を見送った七十代、八十代のマダムが、若い恋人と新しい恋の花を咲かせているのも珍しいことではなく、「シワなんて、取るに足らない小さなこと」と言わんばかりに人生を謳歌しています。

そうは言っても、日本では全く同じように考えるのは難しいと思いますが、必要以上に気にすることもないと思います。まったくシワが無い顔というのも、ちょっと人間味に欠けるというか、不自然で味気ないものです。フランス人と一緒に過ごしていると、年齢に逆らわず、ありのままを受け入れて前向きに暮らしていくことが、素敵な歳の重ね方なのだと改めて気づかされます。

4

化粧品にはお金をかけない

最近、日本のデパートに行くとアジアからの観光客がたくさんいるのを目にします。特にメイク用品を買うために行列している人たちが増えていますね。観光客に加えて、幅広い世代の日本人女性たちも買い物に来ているので、化粧品売り場はいつも賑わっています。

デパートに勤務する知人の話では、デパートで一番売り上げが高いのは化粧品売り場だそうですが、いつも混雑している光景を目にしているので本当にそうな

Chapitre 1

Visage
フェイス

んだろうなあと納得させられます。そして、日本をはじめとするアジアの人々にとって、化粧品がなくてはならないとても重要なものだということを感じます。

親交のある中国人の女性は、日本に来るとついつい化粧品を買ってしまい、一度の滞在で十万円以上買ってしまうことも少なくないと話していました。

フランス人に、化粧品代に十万円以上かけていると話したら、ほとんどの人は驚くでしょう。基本的にメイクをしないフランス人にとって、化粧品代はそんなにかさむものではないからです。映画や雑誌などのイメージから、フランスの女性は鏡の前にたくさんの化粧品を並べ、念入りにメイクをしていると思われがちですが、実際はそんなことはありません。芸術の国なので、ダンサーやモデルなど、職業によってはしっかりと濃いメイクをする人もいますが、前述の通り一般的にフランス人はノーメイクが主流です。有名な化粧品ブランドが多数あるフランスで、現地の人が化粧品をあまり買わないのは、ちょっと意外ですね。

それを証明するように、フランスのデパートをのぞいてみると、日本と同様に化粧品売り場には多くの人が集まっていて賑わっていますが、買い物をしているのはアジアやインドなどからの観光客がメインで、フランス人の姿はほとんど見かけません。フランス人は、メイク用品をほとんど買いませんし、毎日使うスキンケア用のクリームなどは、ドラッグストアやスーパーで安く手に入れることが多いので、デパートに化粧品を買いに行く機会が少ないのです。

ドラッグストアで売っているお手頃価格のクリームや乳液でも、成分はしっかりしているので、それで十分。そういう使い勝手のよいクリームは定番商品として、時代を超えて多くのフランス人から長く愛されています。

厳選したスキンケア用品を少し買うだけで、メイク用品を買わない暮らしは化粧品代が安く済み、家計にとっては大助かりですね。

5

眉は、ありのままで

眉毛は顔の印象を決めるのに重要なパーツ。時代によって、太くなったり細くなったり、長くなったり短くなったり。メイクの中でも一番変化が大きい部分のような気がします。最近の日本では、きれいな眉を描くためのグッズが豊富に出回り、思いどおりの眉を描くのが以前より簡単になりました。とはいえ、メイクをする時は、やはり気を使うパーツだと思います。

少し前の話になりますが、流行に流されて私も細めの眉にしていた時期がありました。そんな時、パリでヘアメイクをしている友人から、「眉毛は、あまり手を加えないでナチュラルにしている方がすてきだよ」とアドバイスしてもらいました。

アドバイスを聞いたあと、フランスの女性の顔を意識して見てみると、たしかにナチュラルな眉の人がほとんどでした。フランスの女性はあまりメイクをしませんから、眉もナチュラルなままなんですね。昔の女優やダンサー、モデルなど個性が際立つ職業なら、眉に手を加えている人もいますが、多くの人は、ありのままの眉が自分の顔に一番なじむと考えているようです。

この時から、私もなるべく眉毛に手を加えず、元々の形やボリュームを生かしたナチュラルな眉にしていますが、そうすることで顔が引き締まって見えるように感じます。

ところで、最近の日本では、男性でも眉を整える人が増えているようですね。若い人が中心だとは思いますが、営業職のサラリーマンなどは、お客様によい印象を与えるためにキリッとした眉にするメイクを施していると聞き、ちょっと驚きです。

Chapitre 1

Visage
フェイス

フランスの男性は、女性と同様にナチュラルな眉毛で暮らしています。そんなフランスの男性が身だしなみでこだわっている部分は、ヒゲです。フランスには十一世紀頃から髭剃り職人がいたという歴史があるので、昔からヒゲを大切に考える男性が多かったようです。ヒゲの形も千差万別で、ダリのように細くてピンと上を向いたヒゲだったり、サンタクロースのようにフサフサした豊かなヒゲだったり、あごヒゲだったり、もみあげからつながっていて顔の輪郭を縁取るものだったり。かつては、お気に入りの形をキープするためにヒゲを剃ってもらえる専門の理髪店が多くありましたが、残念ながら最近は減ってしまったようです。とはいえ、伸ばしたままの無精ヒゲは自然体と受け止められ、女性から好感を持たれています。たしかに、無精ヒゲはナチュラルでワイルドな雰囲気を醸し出していて、男らしさを感じますね。

男性も女性もありのままの姿が一番美しいと考えているので、極端に手を加えることはなく、お互いにその良さを認め合っているようです。

6

人生を楽しむことが、最高のメイクアップ

ここまでの項目をご覧になって、顔も洗わず、メイクもせず、眉も整えないのに、フランス人はどうして素敵なの？？？　と思った方もいるかもしれません。でも、答えは簡単です。人の目を気にせず、自分らしく人生を楽しんでいるからです。心の開放感が、表情にもあらわれるのでしょう。

フランス人は、必要以上に外見を気にすることはありません。そこそこ整っていれば、十分だという考え方です。また、年齢も気にしません。もう歳だから、

あれはできない、これもできないなどと年齢を言い訳にすることはなく、いくつになっても好奇心を持ち、女性らしさを忘れず、心豊かに暮らしています。

日本人の方が身だしなみや外見をフランス人の何倍も気にしていて、お金も時間もかけていると感じます。身だしなみに気を使うことはもちろん大切なことですが、それを気にしすぎるあまり疲れきって、美から遠ざかってしまうこともあります。

例えば、どんな服を買うか（または着るか）で長時間悩んだり、シミやシワの対策に時間を取られたり、増えすぎた服の整理収納に困って気持ちが落ち込んでしまったり。そうして悩みが増えてしまっては、いくらお金をかけてもきれいになれず、疲れた顔になってしまいます。

人生で一番の楽しみがファッションならば、洋服を選んだり、メイクをすることに時間をかけても構わないと思います。楽しみながらできるなら、気持ちが弾み、どんどんきれいになれることでしょう。

しかし、まわりの目を気にするあまり、外見を整えることが、「やらなければならない義務」になってしまっているなら、フランス人のように少し肩の力を抜

Chapitre 1

Visage
フェイス

いて、完璧を求めない方がいろいろなことが好転していくと思います。

フランス人は、まわりの目など気にせずに、まずは自分がやりたいことを優先し人生を楽しんでいます。いつも自分の気持ちに素直で、自分の気持ちを大切にするという姿勢は、なんだかとてもうらやましい気がします。それこそが、人生を豊かにするポイントなのですね。

周囲の人たちとの協調はもちろん重要ですが、自分のことを押し殺してばかりいては、いつか苦しくなってしまうので、フランス人のように人生を楽しむ時間も、しっかり作っていきたいですね。

「人生を楽しむ」と言われると、なんだか派手なことをしなくてはいけないような気持ちになってしまうかもしれませんが、小さなことでいいのです。

お気に入りのケーキを食べたり、いつもよりちょっとリッチな食パンを買ってみたり、なにもしない時間を過ごしてみたり。友だちと旅行に行くのが好きな人もいれば、ひとりで読書をするのが好きな人もいるでしょう。人生の楽しみ方は、人それぞれだと思うので、無理のない範囲でリラックスしてみて下さい。

少しでもリラックスして心にゆとりが持てれば、それだけで表情がやわらぎ、まわりからも余裕があって素敵な人に見えるはずです。本当のきれいは、外見を整えることだけではなく、内面からにじみ出るものなのでしょう。そのためにも、自分が心地良くいられる、ちょうどいいバランスを見つけたいですね。

7

目薬よりもブルーベリー

私たちは日々の暮らしの中で、体の様々な部分に負担をかけていると思います。現代社会では、「目」を一番酷使しているかもしれないですね。スマホやパソコンを見ないで一日を過ごすのは難しいですし、乾燥や花粉など気候や環境の影響もあります。家でも、職場でも、外出先でも、目にダメージを与えるものが山のようにあると感じます。なので、乾燥や疲れ目など、それぞれの症状にあわせて目薬を持ち歩いている人も多いと思います。

フランスでもスマホやパソコンは必須アイテムですから、目の疲れも日本と同等だと思いますが、フランス人は、疲れ目のために目薬を使うことはほとんどありません。そのため、フランスのドラッグストアに行っても、日本のように多種多様な目薬が並んではいません。以前、パリにいるときに、ものもらいができてしまい、慌ててドラッグストアに行きましたが、目を洗浄するためのナチュラルな成分の目薬しか買えませんでした。

では、なにも対策をしないのかというと、フランス人は「疲れ目には、ブルーベリーが効くわよ！」と言ってフルーツのブルーベリーをすすめてくれます。日本でも、「ブルーベリーは目にいい」というのはだいぶ知られていて、サプリや飴などを愛用している人も多いと思いますが、それだけで目の症状を改善しようと思う人は少ないでしょう。日本では、疲れ目にはシャキッとする目薬をさすのが一般的かと思います。

しかしフランスでは、目薬をさすよりも、生のブルーベリーを食べる方が一般的のようです。あくまでもナチュラルな素材で、体をメンテナンスしようとするのはフランスらしい考え方ですね。

Chapitre 1

Visage

フェイス

ブルーベリーに加えて、フランス人の疲れ目を改善しているのは、しっかりと睡眠時間を確保していることと、テレビをあまり見ないことのように思います。

家族や大切な人と過ごす時間を最優先するフランス人は、残業などはせず定時になったらまっすぐ家に帰ります。そして、家族で食卓を囲むのがあたりまえなのです。もちろん、遅くまで外出してナイトライフを楽しむ日もあるでしょうが、基本的に早く家に帰り、家族や夫婦、恋人との時間を大切に過ごします。そして、食後はテレビやパソコンで目や脳に刺激を与えるより、家族でその日あったことを話したり、ソファーでリラックスしたり、ハーブティーを飲んだり、目に負担をかけない時間を過ごしたあと、早めにベッドに入ります。

これまで私を泊めてくれた様々なフランスの家庭のことを思い出しても、遅くまでテレビを見ている人たちはいませんでした。早ければ二十二時頃、遅くても二十三時頃までにはベッドに入る家庭が多かったです。朝も、ゆっくり寝ていたので、八時間以上の睡眠時間を確保していると思い、ある統計を見たところ、やはりフランス人の平均睡眠時間は八時間半でした。日中、目を酷使していても、しっかり寝て目を休めているからこそ、目薬いらずで過ごせるんですね。

8

おしゃべりが美しい唇を作る

日本人がパリを思い浮かべるとき、最初に頭に浮かぶのはエッフェル塔でしょうか。そして、凱旋門にセーヌ川、にぎやかな朝市。街角のカフェもパリを象徴するもののひとつですね。ジョルジュ・オスマンの時代に町を大改造した際、鉄道の駅から町の中心に向かう大通りが整備され、それにともなって歩道も広くなり、広くなった歩道を活用したオープンテラスのカフェ文化が花開いたそうです。

パリの風物詩となっているカフェのテラス席は、今も昔もいつも満席です。観光客で埋め尽くされていると思いきや、地元のパリジャンやパリジェンヌも多く、みんな近所のカフェでくつろいでいます。

フランス人は、人と会うのも話すのも大好きなので、家にひとりでいるより近くのカフェに出かけて、顔見知りの常連さんやカフェの店員たちとの交流を楽しみます。

今はネット社会になり、直接人と会わなくても、たいていのことが済んでしまう時代です。しかし表情を豊かにし、美しい顔つきになりたいと思ったら、やはり誰かと直接会って話すことが大切です。会話は五感をフル活用させるので、心身ともに活性化されますし、誰かと時間と空間を共有しながら話しをするのは心地いいものです。

また、会話で口元の筋肉を使うのでシワやたるみの防止にもなりますし、唾液の分泌も促されるので口腔内の健康にも効果があると思います。

フランス人は、そういう美容的なことを期待しているわけではなく、純粋に人が好きで、おしゃべりがしたくて、友人どうしで集まって話しているわけですが、そういう無意識の行動が結果的に美しさにつながっているんですね。

パリジェンヌのように、カフェでのおしゃべりする機会があったら、なるべく楽しい話題にするのがいいですね。ついつい日々の不満や愚痴を言ってしまいそうですが、ネガティブな話題は眉間にシワがよったり、口角が下がったり、顔にも心にも良い影響は与えないでしょう（ストレス発散にはなりますが…）。できるだけ前向きで楽しい話題を見つけると、心身ともに良い効果を得られると思います。

また、フランスは乾燥した気候なので、おしゃべりでたくさん動かす口元は、しっかりケアをするのも大切。基本的には、リップクリームを塗って乾燥を防ぎ、なめらかな唇を保っています。口元も表情もすてきでいられるように、明るい話題を意識して、会話を楽しみたいですね。

9

すきっ歯はチャームポイント

ニッコリ笑った時に、キラリと輝く真っ白な歯。手入れの行き届いた歯は、顔を明るく、美しく見せてくれますね。歯を守るために、日本人は職場や外出先でも小まめに歯磨きをしている人が多いと思います。口元の清潔感を保つのは、仕事のときもプライベートのときも大切なことですね。

白い歯が好印象なのは、どこの国でも同じ。フランス人も歯を大切にしています。欧米の多くの国がそうであるように、フランスでも歯並びを気にする人が多く、子どもの頃に歯列矯正をするのが一般的です。フランスの歯科は、日本以上に高額だと言われていますが、若いうちであれば歯列矯正の費用が保険でカバーされるそうなので、多くの人が早めに矯正をするようです。

歯並びがきれいになったら、ホワイトニングも気になるところですね。これも、専門の歯科などに行くと高額になってしまうため、倹約家のフランス人は、日常的に使う歯磨き粉やマウスウォッシュを選ぶときにホワイトニングの効果が含まれているものを選んでいるようです。日本のドラッグストアに行くと、ステインを除去して歯を白くする効果がある歯磨き粉が手頃な値段で売っていると思いますが、それと同じです。

また、ちょっと意外ではありますが、チーズを食べると虫歯予防になり、歯がきれいに保たれます。チーズを食べるだけで歯の健康が維持できるとは、なんとも不思議ですが、チーズは口の中のアルカリ性を強めて歯の腐食を防ぐとともに、歯の表面に保護膜を形成するので虫歯予防になるそうです。この効果については、ＷＨＯ（世界保健機関）も認めています。

チーズはフランス人の暮らしに欠かせないもの。地方ごとに多様なチーズが作られていて、その数は数百種類。「一年間、毎日違うチーズを食べて過ごせる」と言われるほどなので、少なくとも四百種類程度はあるようです。それほどフランス人はチーズを愛し、毎日食べているのです。その消費量は世界一で、年間のひとりあたりの消費量は、なんと約二十五キロ。これだけの量を、毎日コンスタントに食べ続けていれば、歯に良い影響があることもうなずけますね。ちなみに日本では、ひとりあたりのチーズ消費量は二キロだそうなので、フランスでは日本の十倍以上もチーズを食べていることになりますね。

もうひとつ、歯の健康を守っている意外な食品があります。それは、塩です。塩で歯の予防をするのも意外ですが、なんとフッ素を添加した塩が存在します。ある時期、フランスでは、子どもの八十パーセントが虫歯を持っているということが分かり、虫歯を予防するためにフッ素を添加した塩が認可されたそうです。家庭用の塩のほか、学校の給食などでもフッ素を添加した塩が使われ、その結果、子どもたちの虫歯がグンと減ったそうです。チーズに続き、塩で歯の予防というのは驚きますが、フランス以外でもスイスやスペイン、ハンガリーなどでも同様の塩があるそうです。

Chapitre 1

Visage
フェイス

ちなみに、フッ素入りの塩のほか、ヨード入りの塩もスーパーで普通に売っています。フランスでは日本のように海藻を食べる習慣がないため、意識してヨードを摂取しないと不足してしまうのです。その昔、ヨード欠乏症が蔓延して、多くの人が苦しんだ歴史もあるようで、ヨード不足による疾病を発症させないために、ヨードを添加した塩が作られたそうです。私も、家にある塩を見たらヨード入りでした。パリのスーパーで無意識に手に取り、買ったものがそうだったのですから、そのくらい普通に流通しているということでしょう（もちろん、ヨードやフッ素の添加量は、体に悪影響がないように考えられています）。

虫歯のないきれいな歯並びが良しとされているフランスですが、上の前歯二本の間が少しあいているすきっ歯だけは、矯正をしない人が多いです。というのも、すきっ歯は、「Dent du bonheure（幸運の歯）」と呼ばれ、歯の隙き間から幸運が舞い込み、幸せになれると言われているからです。ジョニー・デップとカップルだったヴァネッサ・パラディをはじめ、フランスの女優やモデルの中には、すきっ歯をチャームポイントとしている人もいるほど。

Chapitre 1

Visage
フェイス

私の知り合いにも前歯がすきっ歯の女の子がいますが、笑顔が愛くるしく、完璧な歯並びとはひと味違った人なつっこさを感じて、一緒にいるとこちらまで笑顔になります。すきっ歯の人は、まわりにも幸運を運んでくれるのかもしれません。親しみやすさとかわいらしさを感じるすきっ歯がチャームポイントなら、人気者になるのも分かりますね。

10

肌トラブルは未然に防ぐ

シミやシワを気にせず、自然体で暮らしているフランス人。ソバカスもチャーミングだと言われるので、一見肌の悩みはなさそうですが、もちろん多少の悩みはあります。若いパリジャン、パリジェンヌであれば、ニキビが気になるところだと思います。しかし、ニキビは出来たらすぐに皮膚科に行って治療してもらう習慣があり、ひどくなるまで放っておく人は少ないため、顔中ニキビで困っている人はあまり見かけません。

ニキビに限らず、肌トラブルは、なってしまってから治療するよりトラブルを起こさないように先回りして対策を考えて、できることを実践しているようです。病気と同じで、予防が大切なんですね。

肌トラブルの対策として、日常的に手軽に実践されているのは、マルセイユ石けんを使うことです。日本でも知られるようになったマルセイユ石けんは、フランスでは定番中の定番で、とても歴史がある商品です。古くはフランス王室御用達の石けんでした。十七世紀にルイ十四世が定めた厳しい製造基準を守りながら、現在も腕の確かな職人の手で作られています。原料も厳選されていて、天然で良質なオリーブ油とパーム油を使用。洗浄力がありながら肌への刺激は最小のマルセイユ石けんは、フランスの皮膚科、小児科でも推奨されているそうです。さらに、肌の引き締め効果も期待できるようなので、ますます魅力的です。これだけ良い条件がそろっていたら、誰でも使いたくなりますね。

低刺激でナチュラルな原料で作られた石けんが、時代を超えて愛されているのは、フランスの乾燥した気候や石灰分が多く肌に負担をかける水からしっかりと肌を守ってくれたことも理由のひとつでしょう。現在は、マルセイユ石けん以外

Enrichies au beurre de Karité
Pur végétal
100grs.
L'unité
Les trois
Son
Fraise
Lavande

にも、乾燥や水質を考慮して作られているクリーム類などがいろいろとあります。その土地の気候風土に適するように作られているというのは、消費者にとっては心強いですね。

また、肌のトラブルが少ない理由のひとつに、食べ物もあげられると思います。添加物が多い加工食品ばかり食べていては、きれいな肌を保つのは難しいので、新鮮な食材を選んで、内側からケアするのも大切なことです。

フランスは、パリをのぞけばほとんどが農地の農業国です。それゆえに、農作物が豊富で、食料自給率は百二十パーセントを超えています。自国で食料をまかなえるため輸入に頼る必要がなく、市場に行けばいつでも穫れたての新鮮な野菜や果物や穀物などを食べられるわけです。また、フランスではオーガニックの食べ物も手頃な値段で買えるので、体に良い食品を摂取できるのも、きれいな肌を保つことにつながると思います。日本でも、なるべく地産地消を意識して、国内や地域で作られているものを積極的に選んでいきたいですね。

肌に負担をかけず、きちんと守ってくれるやさしい素材で作られた石けんやクリームを使うことに加え、肌を作るもととなる良い食べ物についても気を配り、食材をしっかりと意識して選んでいるフランス人たち。それは決して特別なことではなく、暮らしの中に自然と根付いていると感じます。常に肌のことを気にかけ、様々な角度からアプローチすることで、肌トラブルが起きないようにしているんですね。

Chapitre 2

Cheveux et corps

ヘア & ボディ

11

ドライヤーは使わない

ロングでもショートでも、つややかなフランス人の髪は、魅力的で憧れますね。さぞ、手をかけてケアをしているんだろうと思ってしまいますが、フランス人の家庭に滞在して、意外に思ったことがあります。それは、ヘアドライヤーを使わない家が多いということです。

私は仕事（撮影や取材）の関係で、フランスの家庭に泊めてもらうことが多いのですが、移動中はなるべく荷物が少ない方がいいので、ドライヤーは持ち歩いていませんでした。

日本人の感覚だと「ドライヤーはどこの家庭にもあるもの」なので、貸してもらおうと考えていたのです。

ところが、シャワーを使わせてもらった後、「ドライヤーを貸してもらえますか？」と聞くと、「ごめんなさい。持ってないのよ」と言われることが重なり、びっくりしました（現在は、自分でドライヤーを持ち歩くようにしています）。

それにしても、どうしてドライヤーがいらないのでしょうか？

フランスの友人たちに聞いてみたところ、あまり頻繁に髪を洗わない習慣と、乾燥した気候に関係がありました。

洗顔の項目でもふれましたがフランスの水道水は石灰分が多くて、髪にダメージを与えてしまうため、あまり頻繁に髪を洗わないのです。また、気候が乾燥していることから、すぐに地肌がべたついたり、におうこともないので、数日おきの洗髪でも問題ないようです。そして、自然乾燥が主流のようです。

ちなみに、フランスの人たちはあまり傘をささないのですが、雨で髪が濡れることは気にならないようです。フランス映画を見ていると、登場人物が雨の中、

傘をささずに歩く場面が出てくることも、しばしばです。

私が好きなエリック・ロメール監督のある作品の中で、主人公の女の子が「雨は髪にいいのよ！」という場面があるのですが、このセリフはロマンチックな意味に加え、「雨は水道水と違うから、濡れても髪は傷まないわよ！」という意味もこもっているのかなと深読みしてしまいます。

フランス人とは対照的に、日本では毎日しっかり髪を洗う人が多いように思います。石灰分の多いフランスの水に比べれば、日本の水の成分は髪へのダメージは少ないと思いますが、髪のパサつきでお悩みの方は、洗いすぎの可能性もあるので、洗う頻度やシャンプーの量などを見直すと良いかもしれませんね。かく言う私も最近は、お湯での予洗をしっかりして、シャンプーの量を少なめにしていますが、その結果、髪のパサつきが減り、つややかになった気がします。

フランス人のきれいな髪を見ていると、手をかけすぎないことが、髪の持つ力を引き出し、より美しい髪を守る一番の方法のように感じます。

12

美容院は気が向いた時だけ

せっかく整えた髪が、外出前に崩れたためにテンションが下がってしまい、出かけるのを躊躇してしまった、なんていう経験をした方も多いのではないでしょうか。日本人は、もともと几帳面なこともあり、髪型のわずかな乱れも許せない傾向があるように感じます。

おしゃれなフランス人も出かける前にはしっかりと髪をセットして、動いても乱れないように注意しながら町に繰り出すと思われるかもしれません。しかしフランス人は、そこまでキッチリした髪型は求めていません。抜け感があるナチュラルな雰囲気を好むので、手をかけすぎていない自然な髪型が人気です。

例えば、ふわっとふくらんでボリュームがあるようなスタイルや、髪の癖をそのまま生かしたゆるいウェーブがかかったスタイルです。服でも髪でも、あまりに完璧で隙のないスタイルは、フランス人からみると少し堅苦しく感じてしまうようです。

そんなフランス人は、あまり頻繁に美容院に行きません。伸びたら伸びたで、そのスタイルでいいじゃない、と考える人が多いそうです。そのことを確認したくて、フランスの美容室に行ったとき、美容師さんにリピーターのお客さんの来店頻度を聞いたことがあります。やはり、カットのために定期的に通ってくる人は少ないとのことでした。ありのままの髪を自分なりにセットして様になるのは、さすがフランス人ですね。もしかすると、美容院にあまり行かないのは、倹約家であるフランス人の節約術なのかもしれません。また、ナチュラルなヘアスタイルであればスタイリング剤などを使わずに済むので、頻繁にシャンプーをする必要がなく、硬質の水で髪を痛めずに済むというメリットもあるのでしょう。

Chapitre 2

Cheveux et corps
ヘア＆ボディ

日本だと、気に入った髪型やカラーを保つために、定期的に美容院に行くのが一般的だと思うので、ここでも日本とフランスの違いを感じます。

大人だけでなく、フランスでは子どもたちも髪型にこだわりを持っています。女の子は、リボンやカチューシャなどのヘアアクセサリーをたくさん持っていて、小さい頃から鏡を見ながらヘアアレンジを楽しんでいます。

男の子も気に入った髪型が見つかると、まわりの大人に何か言われても「僕には、これが似合う！」と主張して、その髪型を変えません。日本だったら、「そんなに長い前髪は、切りなさい！」と言われそうな長さでも、自分がいいと思えばそのままです。小学生の男の子が、長い前髪をかきあげている姿も、時々見かけます。そのしぐさが、あまりに大人っぽくてびっくりしますが、子どもの頃から自分の意見をはっきりと主張し、こだわりを持っているからこそ、おしゃれでカッコいい大人になれるのかもしれないですね。

13

髪の色は自分らしさ

日本では最近、グレイヘアについて紹介される機会が増えていますね。テレビの特集も増えましたし、書店ではフランスのマダムがモデルになっている写真集もたくさん見かけます。それだけ、グレイヘアに関心のある人が多いことが分かります。

各方面で紹介されているとおり、フランスにはグレイヘアのすてきなマダムがたくさんいます。ショートカットでキリッとした髪型のマダムもいれば、髪をふくらませてボリュームを出していたり、クルッとまとめてアップにしたり。そして、その髪型にあうファッションを楽しんでいます。グレイヘアに馴染むシックなモノトーンをベースにして、鮮やかな赤を差し色にしたり、濃いピンクやグリーンを上手に使ったり。グレイヘアになることは、とても自然なことで、その髪色を生かしたファッションを楽しむのも、年を重ねる醍醐味なんだと思います。

　日本人は、もとの髪色が黒で濃いために白髪への変化がはっきりと分かり、気になってしまう人が多いのでしょう。そういったことも、グレイヘアへの関心が高い理由のひとつかもしれません。たしかに、金髪や栗色などもともと明るい髪色のフランス人がグレイヘアに移行していくのは違和感がなく、言葉どおり「自然に」変化していくと思います。しかし、フランスには様々な国籍の人や、様々なルーツを持った人が集まっているので、多種多様な髪色や髪型の人がいて、黒っぽい髪色の人もたくさんいます。

　そういう濃い髪色のマダムたちは、日本人と髪色の変化の過程が似ていると思いますが、グレイヘアに変化していくことについて過剰に気にしている人はいません。変化を恐れるのではなく、あたりまえのこととして受け止めているようで

RGNE
(RCS. 450 657762)

す。

グレイヘアを受け入れ、ナチュラルを好むフランス人ですが、なかには髪を染めている人もいます。それは、白髪や年齢を気にして染めるというよりは、「自分らしさ」を表現するための手段としてのカラーリングです。フランス人がヘアカラーをするのは、まわりの目を気にしてというわけではなく、「自分がこの色にしたいから染める」というスタンスだと思います。

グレイヘアでもカラーリングをしていても、清潔感のある髪型で、自分の髪色に自信を持っていれば、とても魅力的ですてきに輝けるのでしょう。

14

ボールペンがヘアアクセサリー

ちょっと気分を変えたいときや、いつもとひと味違ったおしゃれをしたいとき、ヘアアクセサリーをつけるだけで、簡単に変身できますね。日本では、百円ショップで便利で使いやすいものが売られていたり、ハイセンスなセレクトショップに行けば個性的な一点もののヘアアクセサリーを見つけられたりと、値段も種類も幅広くいろいろなものが売っていて、用途に合わせて選べるのが嬉しいですね。

フランスでも、かわいいヘアアクセサリーが見つかります。しかしフランス人は既製のヘアアクセサリーを使わなくても、身近なものを使ったさりげないヘアアレンジやまとめ髪がとても上手です。

例えば、スカーフを使ったアレンジ。以前、撮影のモデルをお願いした女の子のご家族と親しくなり、ランチに誘われたことがありました。待ち合わせたレストランに現れた女の子のお母さんは、ウエーブがかかった髪を無造作にひとつに結び、幅広に折りたたんだスカーフをカチューシャ風に頭に巻き付けていました。カーキと黒でシックにまとめた服に、髪に巻いた白地にオレンジがかった赤のペーズリー模様のスカーフがアクセントになり、さすがパリのマダムといったコーディネートでした。大胆なペーズリー柄のスカーフを自分のものとして使いこなせるのは、やはりおしゃれ上級者ですね。

スカーフはヘアアクセサリーとして、とても人気があります。海賊風に頭全体を覆って結び目を後ろにたらしたり、三つ編みと一緒に編み込んだり、リボン風に結んだり、ターバン風に巻いたり、思い思いにアレンジを楽しんでいる姿をよく目にします。その日の気分で、自由自在に形を変化させられるスカーフは、オ

リジナリティにこだわるフランス人にぴったりのアイテムなのでしょう。

スカーフのほかにも意外なものをヘアアクセサリーとして使っています。それは、ボールペンやお箸です。フランス人の髪は細くて柔らかいので、クルクルとねじってまとめると小さなシニョンになり、ボールペン1本でしっかりと留めておくことができるのです。なので、仕事中の気分転換にデスクにあったボールペンで髪をまとめてしまう、なんていうことも。

そして、日本のお箸も、ボールペンと同様に髪をまとめるときのかんざし代わりに使われています。日本のお箸はとても丁寧に作られていて、色や柄も豊富にある美しい芸術品なので、フランス人から見ると本来の用途で使うだけではもったいないと思うのかもしれないですね。何ごとも形にとらわれず、自由で大胆なところがフランス人の魅力だと感じます。

15

日焼けは気にしない

フランスの七月、八月は、待ちに待ったバカンスのシーズン。フランスの人々は、家族や友人と過ごす夏のバカンスをとても大切に考えているので、親しい人たちと一緒に様々な場所に出かけます。

「フランスのバカンス」と聞くと、なんだかうっとりしてしまいますね。青い空に輝く海、おしゃれなホテルに冷えたシャンパン。そして、カラフルなファッションと夏の恋。映画のような世界が頭の中に広がります。

Chapitre 2

Cheveux et corps
ヘア & ボディ

子どもたちは、七月、八月の丸二ヶ月間、学校がお休みになり、大人も三週間から一ヶ月の夏休みを取るのが一般的です。仕事のことを心配せずに、大人も長い休みが取れるのは本当にうらやましいですね。

海外旅行を楽しむ人も多いですが、フランスにはすてきな場所が多いので、国内で過ごす人もたくさんいます。南フランスのニースや映画祭で有名なカンヌ、名作映画『男と女』の舞台にもなった海辺の町ドーヴィル、スペインの国境に近い大西洋を臨むビアリッツなど、魅力的な海辺の町がいくつもあり、バカンスの季節になると多くの人で賑わいます。そして、海を訪れた人たちは、太陽の下で思いっきり楽しんでいます。

「海は楽しそうだけど、太陽の下に長時間いたら、日焼けが大変！」と考えてしまうのは日本人的な発想で、フランスでは日焼けを気にする人はほとんどいません。むしろ、できるだけ日に当たりたいと思っている人の方が多いでしょう。日焼けサロンに行ったように、真っ黒になるのが良いというのではありません。まずは、気持ち良く太陽を浴び、自然と触れ合う中で小麦色の肌になることが好まれているのです。こうして、自然と共に生きることを大切にしているからこそ、自然が破壊されてしまう環境汚染などにも敏感になり、ゴミを出さないエコな暮らしを実践しているのでしょう。

バカンスの時期に限らず、フランス人は普段から太陽の光を好む傾向にあります。例えば、街のカフェでは店内の席よりも外のテラス席が人気です。フランス人は太陽や風を感じながら、親しい人々とのおしゃべりを楽しむのが大好きなので、都市にいても自然にふれられる場所を選ぶのです。

それを象徴するように、パリの町にはたくさんの公園があり、いつも多くの人で賑わっています。公園の中の一角（池のまわりや、花壇の近くなど）には、ひと休みできる椅子やベンチが点在し、ランチタイムや午後のひとときを過ごす老若男女が、たくさん集まっています。私もパリにいるときは、よく公園に行きますが、ベンチでのんびり過ごすのは、とても気持ちが良いものです。

フランスは冬になると日照時間が極端に短くなるので、その分、太陽が出ているときは、少しでも光を浴びておきたいという理由もありますが、それを差し引いても、フランス人は屋外で過ごすことを好んでいると思います。

日本人は、一年のほとんどの期間、日焼けのことを気にしていて、せっかく良

Chapitre 2

Cheveux et corps
ヘア & ボディ

いお天気でも外出しなかったり、太陽を避けるように地下道を歩きがちです。

でも、明るく気持ちのいい日差しを浴びないのは、もったいない話ですし、健康上もあまり良いとは言えません。適度な日光浴は心身の健康を保つ上で、とても大切な役割を担っています。海など、極端に紫外線が強い場所に行くときはさておき、日常生活の中では、日焼けのことはあまり気にしすぎずに、天気のいい日は太陽を浴びて、自然体で気持ち良く過ごしたいですね。

16

メイクよりも香りをまとう

私がフランスに通い始めた頃、パリのシャルル・ド・ゴール空港に降り立つたびに、日本ではあまり意識することのない「あるもの」を感じてパリに来たことを噛み締めていました。

その「あるもの」とは、強い香水の香りです。飛行機の扉が開き、通路を進んで行くと、様々な種類の香水が混ざった強い香りが空港の中に充満していて、それを嗅ぐとパリに着いた実感がわくのでした。

私は普段、香水を使わないので、日本とフランスの香りの違いに特に敏感だったのかもしれませんが、こうした経験から、フランスでは香水を愛用する人が多いことを実感しました。

メイクはほとんどしないフランス人ですが、その分、香りをまとうことは大切に考えています。香水をつけるのは、ほぼ一瞬で済むので、メイクより手間がかかりません。それでいて自分らしさや女性らしさを演出でき、人の記憶に残るので、とてもフランス人らしい自己表現のひとつだと思います。

香りを楽しみ、身にまとうのは大人の特権のように思いがちですが、フランスでは小さな女の子も香りに敏感です。小学校高学年の女の子が、「これは私の香りなのよ！」と言ってかわいいボトルに入ったオー・ド・トワレを見せてくれたときは、さすがフランス！　と、驚きました。しかも、「私の香り」と、すでに自分のお気に入りを見つけ、自分らしさを表現しようとしている姿は大人顔負け。こういうことができるのも、幼少の頃から「自分で考える」ことを学んでいるフランスの子どもたちならではだと思います。

また、歴史的に香水の文化が根づいているため、香水がとても身近で、子どもたちも抵抗がないのだと思います。

フランスでは、16世紀頃から、エッフェル塔が建築された19世紀頃まで、入浴すると病気に感染すると信じられていて、国王でさえ入浴は生涯に数回だったといわれています。そこで、体臭を緩和させるために香水が発展したそうです。

香水の歴史を紐解くと長くなってしまいますが、今も「香水の町」として、親しまれている場所があります。南フランスのカンヌからほど近い山あいにあるグラースという町です。一年中、花が咲き乱れる天然香料の産地であり、歴史ある香水工場では、今も香水が作られています。フランスの中でも特に香りと生活が密着している町でしょう。パリを始め、世界で活躍している調香師の大半はグラースの出身といわれています。

フランスでは香水以外でも、日常生活の中で香りを大切にしています。

例えば、ワインやチーズ。どちらも、フランス人の暮らしに欠かせないものですね。また、ハーブも上手に使っています。お料理に香りを添えるのはもちろん、虫除けにしたり、安眠のために枕に入れたり。フランス人の家に泊めてもらうと、寝る前にハーブティー（フランス語ではティザンヌ）をすすめられること

GRANDE

が多いです。ゆっくりと眠れるようにという心づかいがとてもありがたく、あたたかいお茶を頂きながら、穏やかな気持ちで眠りにつくことができます。

フランス人は様々な形で香りを楽しんでいて、人生がとても豊かなことを感じます。

17

食べたい時は、素直に食べる

仕事に追われて食事の時間が乱れてしまったり、魅力的なスイーツを食べすぎてしまったり、うっかり飲みすぎてしまったり…。規則正しく体に良い食生活を続けるのは、現代人にはなかなか難しいものですね。そうして、ちょっと食べすぎてしまうと、誰もが慌ててダイエットに取り組むのではないでしょうか。

ダイエット方法も、様々なメディアで山のように紹介されていますから、自分にあったものを見つけて、しっかり続けることができれば理想の体型を維持できると思うのですが、なかなか思ったようにはいかないのが現実ですね。

次から次へと新しくておいしいものが登場しますから、日々のストレスを手軽に発散したいと思ったとき、ついつい誘惑に負けてしまっても、しかたがないのかもしれません。

おいしいものがあふれているフランスでも、日本と同様にダイエットをしている人が多そうですが、私はダイエットをしている人の話を聞いたことがありません。フランス人は「食」に関しては好奇心が旺盛。お菓子もワインもお料理も、おいしいものが無限にあるフランスで、食べるのをがまんすることは相当難しいと思います。実際、フランスの人々は食べたいものを食べて、飲みたいものを飲んでいます。おいしいものを食べずにいるのは、ストレスになってしまいますからね。

心の欲求に素直になっておいしく味わうことで、心も体も満足して幸せを感じると、食べすぎることがないのでしょう。食べるときは、罪悪感など感じずにおいしく食べるのが大事なんですね。

また、フランス人がダイエットをしない理由として、もともと少食で、体に負担がない（消化や代謝に良い）メニューが定着しているから、ということも挙げられると思います。

私は、これまでいろいろなフランス人家庭に泊めて頂いていますが、どの家庭もとてもシンプルな食事でした。高級レストランのコース料理のような、バターやクリームをたっぷり使った「ザ・フレンチ」といった料理は、一般家庭ではほとんど出てきません。

ではどんな食事かというと、朝はコーヒーとクロワッサンだけとか、シリアルにフルーツといった手軽なもの。ランチは、大盛りの新鮮な野菜にチーズやハムなどがトッピングされたサラダがメインで、バゲットを少しつまむ程度。おやつは、フルーツをまるかじりしたり、ヨーグルトを食べたり。夜もワンプレートで野菜と肉の煮込み料理などが主流です。一日の食事の中で、野菜や果物、たんぱく質をしっかり摂取し、適度な糖質も摂っているので、栄養のバランスがとても良く、代謝を上げてくれる食生活になっているのだと思います。そのため、ダイエットは必要がないのでしょう。

万が一、飲みすぎたり食べすぎたりして、むくみなどが気になったときは、ダイエットをするより、バスタイムなどにマッサージをしてリンパの流れを良くし、体から余計な水分を排出することを促してボディラインを保っている人が多いように思います。

ダイエットより手軽なマッサージは、体調を整える強い味方なので、フランスで愛されている美容法なのだと思います。

18

ネイルに凝るより、きれいな指先

日本では、いつの頃からかネイルアートが定着し、華やかな指先のおしゃれが一般的になったように思います。しかし、フランスでは指先に派手な装飾を施した人をあまり見かけません。過剰な装飾をするより、指先そのものをきれいな状態に保つように気をつけているのだと思います。ナチュラル志向のフランスらしいですね。

これまで訪問した家庭のキッチンや洗濯の様子をのぞいてみると、オーガニックの洗剤を使っている家庭が多く、手指にも環境にも影響が少ないものを選んでいることが分かります。日々、手のケアをするのはもちろんですが、日常生活の随所に手に負担をかけない工夫があるように思います。

親しくしているフランス人の家に滞在した際、家事を終えたマダムが、ハンドクリームを丁寧に塗りながら手をマッサージしていました。どんなクリームを使っているのか尋ねると、「これはよく伸びるし、しっかり保湿してくれていいわよ。試してみたら？」と、白いチューブ入りのクリームを手渡してくれました。つけてみると、とても柔らかな肌触りで、つけ心地のいい無香料のクリームでした。高級なクリームかと思ったら、スーパーやドラッグストアで買える手頃な値段のものだと教えてもらったので、後日買いに行ってみました。

スーパーに行ってみると、様々な種類のハンドクリームがずらりと並んでいて、フランス人が、いかに手をいたわっているのかがひと目で分かりました。教えてもらったクリーム以外にも、日本で買ったらとても高価なアルガンオイルやシアバターなどが配合されたクリームが、とても買いやすい値段で売られていました。いくつか買ってみましたが、どれも乾燥からしっかりと手を守ってくれて、高性能で使いやすいものばかりでした。安価でも効果がしっかりしているのは、合理的なフランスならではかもしれません。パッケージもおしゃれなので、持っているだけでも気持ちが弾みます。

日本でも、ドラッグストアに行けば様々な種類のハンドクリームが買えますが、日本では薬用系のものが多いのに対し、フランスは油分がしっかりしたハンドクリームが多い印象です。一年中、手荒れ知らずなら、毎日気持ちよく過ごせますね。

19

フットケアこそ丁寧に

遠出をしたり、仕事で忙しかった日は、とにかく靴を脱ぎ捨ててラクになりたいと思うものですね。靴を脱ぐと、なぜあんなにも開放感があるのでしょう。心身ともにリラックスするには、まず足をラクにするのが一番ですね。

しかし、フランスではそうはいきません。家の中でも靴を履いたまま過ごすことが多いのでフランス人は靴を履いている時間がとても長く、なかなかリラックスできないのです。最近では家の中で靴を脱いで過ごす人も増えていますが、基本的には家でも靴のまま過ごすというライフスタイルが大半です。

外では石畳の道もあちこちにありますし、古いアパルトマンはエレベーターがないところも多く、5階や6階といった最上階の部屋でも階段での昇り降りが普通です。こうして一日中酷使された足は、バスタイムになるまで解放されないのです。ずっと靴を履いているのでにおいがこもりそうですが、フランスは湿気がない乾燥した気候なので、それほど蒸れることはなく、足のにおいで困ることは、ほとんどありません。

そして、待ちに待ったバスタイム。といっても、シャワーで済ませる人が多いのですが、フランスでは、その日の疲れはその日のうちに取るのが良いとされているので、しっかりと足をいたわってあげます。

まずは、むくみケア。血流を良くするクリームやジェル、オイルなどを使い、足首から上に向かって、リンパの流れにそってやさしくマッサージ。このマッサージを続けているので、フランス人は足がすっきりし、足首が細いとも言われています。私も足が重いときは、フランス人を真似してマッサージをしますが、ちょっと手をかけただけでも足がスッキリと軽くなるので、マッサージの効果を

Anti-stress
Revitalisant
Huiles essentielles
Basilic
Romarin
Lavande

感じています。

マッサージに通じるのですが、以前通っていたジムでは、トレーニングを始める前に必ず足の指を1本1本広げたり前後に曲げたりして、ケガ予防とウォーミングアップをしていました。これも、リンパの流れや血流を良くする効果があります。そのときのインストラクターさんに、「足の小指にも、ちゃんと関節があることを確かめながらマッサージして！」と言われ、それまで足の小指の関節のことなど、ほとんど考えていなかったなあと思い、ハッとさせられました。今では、足の小指も丁寧にマッサージするようにしています。

マッサージの後は保湿ケアもしっかりします。それに加えて、週に1～2回は角質ケアも。フランス人は顔のスキンケアと同じかそれ以上に、足のケアに時間をかけている気がします。

フランスでのフットケアの歴史は古く、250年以上前から販売されている血行促進の薬があり、現在も広く使われているそうです。足のむくみや、だるさなどを軽減するもので、現在は内服薬のほかにジェルなどもあり、フランス女性の足の悩みを改善しているようです。

こうして毎日のお手入れを欠かさないことで、美しい足をキープし、何歳になっても素足でミニスカートを履きこなすことができるんですね。足先までしっかりケアすることは健康面でもプラスですから、フランス流のフットケアを参考にするとよさそうですね。

Chapitre 3

Mode

ファッション

20

流行にとらわれない

日本人が服を買う時、多くの人が気にする点は、そのシーズンに流行っている色や、買うべきアイテムが何かということではないでしょうか。服を買う前に、雑誌やネットで、しっかりと情報を調べてから買い物をする人が多いと思います。

しかし、フランス人が服を買う時、そのシーズンにどんなものが流行っているかは、あまり気にしません。最新のトレンドを発信しているパリコレが開催されているにもかかわらず流行を気にしないなんて、ちょっと不思議かもしれませんが、流行は、あくまで流行であり、自分が着るかどうかは別問題といったところでしょうか。

フランス人が気にするのは、「自分が、本当に着たい服かどうか」「自分に似合うかどうか」といったことです。着たい服がなければ、無理に買ったりしません。流行りの服は、必ず廃れる時がきます。なので流行を追って毎シーズン服を買い足す必要はないと考えているのです。

少し前に、フランス人は十着しか服を持っていないことを紹介した本がヒットしましたが、全員が十着とは言わないまでも、たしかにフランス人のワードローブは少なめで整然としています。クローゼットや引き出しに入り切らずに服が山になっている光景は、ほとんどお目にかかりません。それは、本当に自分が必要としている服だけを買いそろえているので、しまいきれないほど服が増えることがないからでしょう。

日本人の多くがかかえる「服が増えて収納場所に困る」という悩みの原因のひとつは、コーディネートを考える際に雑誌を参考にしているからかもしれません。雑誌には流行の服がたくさん紹介されているので、それを見るとシーズンごとに最新の流行の服を買わないと、職場や学校で浮いてしまうかもしれない、そうなったら恥ずかしいといった心理から、あまり気に入っていなくても、「流行っているから」という理由で服を買ってしまいがちです。しかし、流行の服は、そのシーズンが終われば着なくなってしまいますし、もしかしたら「買ってみたけど、あまり好きじゃなかった…」という理由で、シーズン中でも着なくなってしまうかもしれません。しかし、それなりの金額をかけて買った服なので、簡単には捨てられず、毎シーズン、着なくなった服の山が高くなってしまうことになるのでしょう。

フランス人はファッション誌を見ても、それをまるごと参考にはしません。なので、雑誌に掲載されている服を次から次へと買うこともなく、家には自分に本当に似合う服、自分が好きな服だけしかありません。そのため服が極端に増えることがなく、収納場所で悩むこともないのです。

流行を気にしすぎるのではなく、自分をすてきにしてくれる服だけを厳選して買いそろえたいですね。

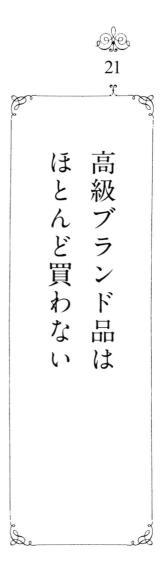

21

高級ブランド品はほとんど買わない

パリのシャンゼリゼ大通りや、サントノレ通りなどに立ち並ぶ高級ブランド店で行列を作っているのは、ひと昔前は日本人観光客でしたが、最近では中国やインドからの観光客が列をなしています。かつて、日本人観光客がそうであったように、彼らもバッグやお財布はもちろん、ストールやキーケースといった小物から、帽子にコートにシャツに靴と、頭のてっぺんから足の先まで、お気に入りのブランドのアイテムを買いそろえているようです。やはり、世界中のどの国の人にとっても、パリ旅行の最大の目的はショッピングなのでしょう。

たしかに高級ブランドの製品は素晴らしく、職人の手仕事がなくてはこの世に生まれることのなかった逸品ばかりです。

しかし、そういった一流の職人が作る服や靴、そしてバッグなどは値段も高額なので、倹約家のフランス人はあまり買いません。

もちろん、高級ブランド品の良さも知っていますし、職人の手仕事の素晴らしさも十分に分かっていてリスペクトしています。なので、高級ブランド品を買うこともあると思うのですが、それは何か特別な時です。高級ブランド品ばかりを買って、全身を同一のブランドものでそろえることはめったにないと言っていいでしょう。自分らしさを重視するフランス人にとっては、高級ブランドであるかどうかは重要ではなく、その服が自分にとって魅力的かどうかが大切なのだと思います。「高級ブランドのものだから」という理由だけで服や小物を衝動買いするようなことはないのです。実際、フランス人は古着なども上手に活用していますし、なにを着ても様になっています。そして、高級ブランドの服を着る機会があればもちろん素敵に着こなします。この柔軟性がフランス人の魅力です。

Chapitre 3

Mode
ファッション

フランス人が買い物をするときは、それがブランド品でも、フリーマーケットのリサイクル品でも、長く着ることができるベーシックなデザインのアイテムを選んでいると思います。特にブランド品は素材も製法もいいので、大切に扱えば孫子の代まで着ることも可能です。なので、長く着ることが分かっていて、とても気に入ったものであれば高級ブランド品を買う場合もあるでしょう。また、流行のものや突飛な色合いのものを選ぶことは少ないです。もちろん自分のお気に入りの色やデザインであれば、少し大胆な服を選ぶこともありますが、ほとんどは落ちついた色合いで、いろいろな組み合わせができるアイテムが中心です。本当に必要なものを吟味して、無駄なく買い物をする姿勢は素晴らしいですね。

22

安い服でアレンジを楽しむ

フランスがファッションの街として認識されているのは、シーズンごとにパリコレが開かれていることが、大きな理由のひとつだと思います。パリコレでは、デザインはもちろん、素材や製法に至るまでどこをとっても非の打ちどころがない、芸術品とも言える素晴らしい服が多数発表されます。

パリコレで発表された服を買って、それを着ているからフランス人は誰でもおしゃれでカッコいいと思われるかもしれませんが、フランス人がおしゃれな理由は、もっと別のところにあります。フランスに住んでいても、パリコレで発表されるような高級な服を普段着にしている人は、ごくわずかです。ブランドによっては、普段着にするには少し刺激的で大胆なデザインが多いですし、なにより高価です。倹約家のフランス人たちが日常づかいするのは、手頃な値段の服が中心です。

「安い服は、質が悪くてデザインも悪い」と思われていたのは、ひと昔前のことだと思います。特にフランスでは、大型スーパーの衣料品コーナーなどで売られている服でも、ひと味違ったおしゃれなデザインのものを見つけることができます。安いからといって、デザインをおろそかにしていないのは、さすがフランスですね。そして、その安い服をいかにセンス良く着こなせるかということが、フランス人のこだわりのように思います。

もともと安い服を買うだけでなく、高価な服を安く手に入れるチャンスもあります。例えば、フリーマーケットや蚤の市。こういった場所で、良いものを安く手に入れるのもフランス人が得意とすることのひとつだと思います。中古でも、品質や状態がとても良い服に巡り会うことができるからです。

Chapitre 3

Mode
ファッション

フランス人の暮らしにふれていると、「ものは捨てるのではなく、循環させる」ということを意識しながら生活していることが分かります。自分は使わなくなったけれど、まだ十分使えるものだから、次に使ってくれる人に循環していこうという気持ちをとても大切にしています。そして、フリーマーケットなどで、それをきちんと実践しています。ものをすぐに捨てないことで、ゴミを出さずに済みますし、限られた資源を大切にすることにつながり、地球環境にも良いことが多いです。

手にした服は、そのまま着るよりもアクセサリーなどでアレンジしたり、色の組み合わせで遊んだり、ひと工夫して着こなしています。他の人とは、ひと味違ったコーディネートをすることが、フランス人にとって一番重要なことかもしれません。個性的なコーディネートを思いつくセンスは、一朝一夕に身についたものではないでしょう。フランスには、一流のファッション、アート、演劇、バレエ、美術品などが身近にあり、そういったものを子どもの頃から家族で見に行ったり、学校のプログラムとして体験するなど、様々なものにふれる機会があったからこそ培われたものだと思います。

多くの良いものにふれながら、「自分が好きなものは何か」「自分はどうしたいのか」など、自分自身で考えるように育てられてきたからこそ、フランス人は、より個性的な着こなしやアレンジを思いつくのでしょう。

服の値段に左右されるのではなく、自分がどんな服を着たいか、どういう着こなしをして、どういう雰囲気になりたいかということが明確だからこそ、フランス人は、素敵なのだと思います。自分のセンスに自信を持って挑戦することこそが、おしゃれの基本なのかもしれませんね。

23

結婚式も普段着で

春先や秋など気候のいい時期になると、結婚式に呼ばれる機会が重なって、何かと慌ただしくなることがありますね。おめでたいことではありますが、毎週のようにご祝儀や美容室代、洋服代に二次会代などがかさんで、ちょっと懐が寂しくなることもあるかと思います。

さらに最近では、冠婚葬祭の形も多様化して、ひとくちにフォーマルと言っても何を着て行けばいいいか悩む場面も増えました。悩みすぎてお祝いに行く前に疲れてしまったという状況に陥ることもあるかもしれません。

しかしフランスでは、毎週結婚式に呼ばれたとしても懐が寂しくなることはありません。というのも、フランスの結婚式にはかしこまったフォーマル服を着て行く必要がないうえ、ご祝儀を渡す習慣もないのです。一番大切なのは、新郎新婦を祝福する気持ちなので、何を着ていってもいいのです。もちろん、華やかな服装がＮＧというわけではないので、ドレスアップしていっても構いません。みんな、思い思いの服装で参加しています。

ご祝儀を渡さない分、お祝いのプレゼントは渡しますが、それも事前に新郎新婦に欲しいものを聞いて、新生活に必要なものを選びます。サプライズにはなりませんが、欲しいものを渡すので必ず使ってもらえますし、すでに持っているものと重なってしまうこともないので無駄になることはありません。さすが、合理的な暮らしを実践しているフランス人ですね。

結婚式自体にも、あまり費用はかけません。たいていは、区役所に行って書類を提出し、区役所内の式場で結婚式をあげます。その後は、レストランなどに移動してパーティーになります。私も、何度か参加したことがありますが、カジュ

Chapitre 3

Mode
ファッション

アルなレストランを選ぶカップルが多いので、堅苦しい雰囲気ではなく、みんながリラックスして楽しんでいるのが印象的でした。

倹約家のフランス人らしく、お金をかけずシンプルな結婚式にする傾向が強いですが、逆にとことんお金をかけることも可能です。

以前、ひょんなことから、フランスのお城での結婚式のコーディネートをしたことがあるのですが、日本の結婚式場のように結婚式のプランを会場の方が提案してくれるわけではなく、場所だけを貸す方式でした。お城の担当者さんからは、「あなたたちの好きなように全部アレンジして！」と言われ、会場の装飾から音響、ディナーのメニューにケーキのデザイン、ブーケや会場の装花、ゲストの宿泊や移動の準備、果ては神父さんの手配まで、すべてを自分たちでアレンジしたので、手間も、お金も、時間もとてもかかりました。なによりお城は広いので、そこを飾るためのお花は、なかなかの量でした。苦労した分、とても素敵な結婚式になり、私にとっても良い経験になりました。

結婚式に関して紹介してきましたが、実際フランスでは事実婚も多く、籍を入れないまま一緒に暮らしている人がたくさんいます。なので、結婚式をしない人が多いのが実状です。

結婚にも、結婚式にもいろいろな選択肢があるフランス。選択肢があるからこそ、しっかりと自分と向き合って考え、最善の道を選ぶことができるように思います。

24

何歳になっても Vネックは深め

この頃、日本の書店では、マダム世代に向けたファッション本のコーナーが広がり、服のコーディネートをテーマにした本だけでなく、髪型やメイクなどそれぞれのテーマを細分化した本が店頭にズラリと並んでいます。それを見ると、どの世代の女性もますますおしゃれを追求し、人生を楽しんでいることを実感します。女性だけでなく、シニア男性に向けたファッション雑誌なども目にします。デパートに行った際にメンズの洋服の売り場を通ると、センスの良いおじさまを

POST CARD

料金受取人払郵便

小石川局承認

8662

差出有効期間
2021 年
3 月 20 日まで
(切手不要)

112-8790

127

東京都文京区千石 4-39-17

株式会社　産業編集センター

出版部　行

★この度はご購読をありがとうございました。
お預かりした個人情報は、今後の本作りの参考にさせていただきます。
お客様の個人情報は法律で定められている場合を除き、ご本人の同意を得ず第三者に提供することはありません。また、個人情報管理の業務委託はいたしません。詳細につきましては、「個人情報問合せ窓口」(TEL：03-5395-5311〈平日 10:00 ～ 17:00〉)にお問い合わせいただくか「個人情報の取り扱いについて」(http://www.shc.co.jp/company/privacy/)をご確認ください。

※上記ご確認いただき、ご承諾いただける方は下記にご記入の上、ご送付ください。

株式会社 産業編集センター　個人情報保護管理者

氏　名《ふりがな》

(男・女／　　　歳)

ご住所　〒

TEL：	E-mail：

新刊情報を DM・メールなどでご案内してもよろしいですか？　□可　□不可
ご感想を広告などに使用してもよろしいですか？　□実名で可　□匿名で可　□不可

ご購入ありがとうございました。ぜひご意見をお聞かせください。

■ ご購入書籍名

（ご購入日：　　　　年　　月　　日　　店名：　　　　　　　　　　）

■ 本書をどうやってお知りになりましたか？

□ 書店で実物を見て
□ 新聞・雑誌・ウェブサイト（媒体名　　　　　　　　　　）
□ テレビ・ラジオ（番組名　　　　　　　　　　）
□ その他（　　　　　　　　　　）

■ お買い求めの動機を教えてください（複数回答可）

□ タイトル　□ 著者　□ 帯　□ 装丁　□ テーマ　□ 内容　□ 広告・書評
□ その他（　　　　　　　　　　）

■ 本書へのご意見・ご感想をお聞かせください

■ よくご覧になる新聞、雑誌、ウェブサイト、テレビ、
よくお聞きになるラジオなどを教えてください

■ ご興味をお持ちのテーマや人物などを教えてください

ご記入ありがとうございました。

Chapitre 3

Mode
ファッション

たくさん見かけるので、おしゃれにこだわるシニア男性が増えているなあと感じます。人生百年と言われる時代ですから、男性も女性もいつまでもおしゃれを楽しむのは素敵なことですね。

フランス人も、年齢にかかわらずおしゃれを楽しんでいます。そして、いくつになってもときめきや恋心を忘れません。それは、女性らしさを忘れないということに通じています。そのため、パリのマダムの着こなしは少し大胆です。例えば、Vネックの服。日本では、深めのVネックのセーターやカーディガンを着る時は、インナーにキャミソールなどを着てVネックのVが少し浅くなるようにするなど、胸元が開きすぎて下着が見えないように気をつけると思います。一方でフランスでは深めのVネックのセーターやカーディガンを着るときは、むしろVネックの部分を強調しています。ちょっとセクシーすぎるのでは？　と思ったのですが、全国放送のニュース番組の女性キャスターもVネックを大胆に着ていたので、こういった着方がフランスでは一般的なんだと感じました。何かの本で、「胸元を開けているのは、心を開いていることに通じる」といった主旨の文章を読んだことがあります。フランス人がオープンな性格で、好奇心が強く、人をもてなすのが上手なのも、こういう服装につながっているかもしれないですね。

Vネックを堂々と着こなせるというのは、自分に自信があるからなのでしょう。それは、いわゆるスタイルの良さなど外見に自信があるということではなく、自分らしく生きているからこそ醸し出せるものなのだと思います。フランス人は、年齢を理由に行動を制限することはありません。恋愛もしかりです。それゆえに、年齢を問わず女性らしさを意識していて、いつまでもいきいきして美しいのだと思います。実際、歳の離れたカップルや、高齢になってから出会って一緒に暮らしているといったカップルもたくさんいます。フランス人のような大胆さや自由な関係は、日本では取り入れにくい考え方かもしれませんが、日本とフランスの良さを融合させて、いくつになっても自分らしいおしゃれを楽しみたいですね。

25

ストッキングは履かない

日本の女性が消費するアイテムのベスト10を発表したら、ストッキングがランクインするのではないかと思います。職場に行くにも、人と会うにも、出かけるときは、ストッキングの出番は多いものです。でも、残念ながら伝線してしまったり、かかとや足先が汚れてきて履けなくなってしまったり、定期的に（というか、比較的頻繁に）買わなければならないものでもあり、ストッキング代は意外とかさんでいるのではないでしょうか。

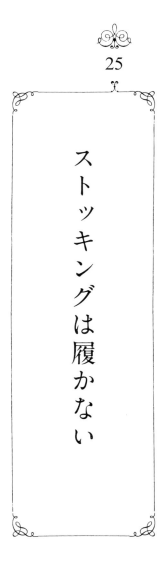

私も、以前会社に勤めていたときは制服があったので、毎日ストッキングを履いて仕事をしていました。いろいろと動き回る職場だったので、すぐに伝線させてしまい、ストッキング代がいくらかかっていたか思い出したくないほどです。フォトグラファーに転身してからは、ジーンズにスニーカーのスタイルで過ごしているので、ストッキングはめったに履かなくなり、ちょっとホッとしています。

フランス人も、ジーンズにスニーカーというスタイルで過ごす人が多いので、ストッキングは履いていません。スカートを履くときでも、ベージュ系のストッキングを履くくらいなら、なにも履かず素足のままでいれば良いと考えるのが、フランスでは一般的です。倹約家のフランス人ですから、伝線してすぐに捨てる可能性があるストッキングを買うよりは、しっかりケアした美しい素足で過ごす方が合理的だと考えているのでしょう。実際、フランス人は足をしっかりケアしているので、ストッキングを履かなくても、素足がきれいで魅力的です。そういう理由で、ますますストッキングが登場する場面は少なくなります。ストッキングを買わずに済む暮らしなら、かなり節約できそうですね。

ストッキングはほとんど履かないフランス人。ですが、冬はものすごく寒くなるのでタイツは必需品です。子どもたちはカラフルなタイツを履いたりしますが、大人の女性は黒いタイツを履いている人が多いです。どんなコーディネートでも合わせやすい黒が、一番便利だから選ばれているのでしょう。ストッキングひとつとっても、合理的に生きているフランス人らしさを感じることができますね。

26

好きな色が似合う色

服のコーディネートを考える時や新しいメイク用品を買う時、どの色にするか迷って、なかなか決められないことは多いですね。似合う色が分からなくて悩んだ時は、パーソナルカラーの診断をしてみたり、お店の店員さんにアドバイスをもらったりして、なんとか解決するのではないでしょうか。色選びは、永遠の課題と言ってもいいぐらい大きな問題です。

センスが良いフランス人は、もちろん色の選び方も上手。ひとつには、色の統

Chapitre 3

Mode
ファッション

一感を大切にしていることがあげられます。フランス人の家を訪ねると、その家に住んでいる人が着ている服の色と、家のインテリアの色がとても馴染んでいて、どんな色を好んでいるのかがひと目で分かることが多いです。

例えば、茶色やベージュ系のファッションが好きな人の家にうかがった時は、リビングも茶、白、ベージュを基調としていました。使っている色の数は少ないのに、濃い色をアクセントに使うなど、とてもおしゃれなインテリアで、私も真似したくなりました。また、小さいお嬢さんのお部屋は淡いグレーと薄いピンクでまとめてあり、子ども部屋とは思えないシックなインテリアでしたが、その空間にぬいぐるみやお人形さんが並んでいて、さすがパリだなあと勉強になりました。

パープル系のアクセサリーがお気に入りのマダムの家に行った時は、白い家具が基調で、カーテンやクッション、ダイニングの椅子やフロアマットなどがパープル系の色で統一されていました。パープルと白のコントラストが鮮やかで、なかなかインパクトのある色づかいでしたが、マダムの竹を割ったような性格までを表しているようでした。窓辺にはグリーンの観葉植物が置いてあり、窓の外に見える公園の木々と一体感を持たせているようにも見えました。好きな色と自然のグリーンを調和させるのも、素敵なポイントですね。

フランス人は、「似合う色」かどうかより、「好きな色」を優先して決めているように感じます。その上で自分に似合うように服のコーディネートを考えたり、上手に暮らしに取り入れたりしているように思います。いずれにしても、基本になる色は二~三色で、淡くて落ちついた色をベースとして使っています。

日本では、服と部屋の色を合わせるという感覚はあまりないように感じます。服はベーシックな落ちついた色がいいけれど、インテリアは明るめにしたいといった感じで、そこまで統一感を考えてはいないのではないかと思います。フランスのように色づかいに統一感を持たせるのも、日本のように場面に合わせていろいろな色を取り入れるのも、どちらもこだわりがあって素敵だと思います。リラックスできて、楽しい毎日を過ごせるように、お気に入りの色にかこまれて暮らしたいですね。

27

ハンカチは使わない

日本では、子どもの頃からハンカチとポケットティッシュは、外出時の持ち物の定番ですね。幼稚園や学校でも持ってくるように指導され、ハンカチとティッシュを入れる小さなポーチは、今の子どもたちの必須アイテムになっていると思います。

しかし、フランスではハンカチを持ち歩く習慣がありません。持ち歩くどころか、ほとんど売っていないので、そもそもハンカチを持っておらず、大人も子ど

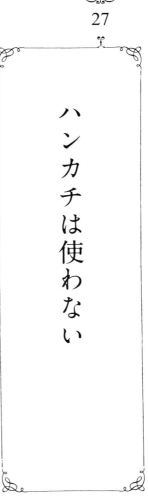

ももハンカチとは無縁の生活を送っています。

なぜ、持ち歩く習慣がないかというと、フランスではカフェやデパート、駅や空港などのトイレに必ずペーパータオルやハンドドライヤーなどが設置されていて、洗った手を乾かすことができるからです。レストランやカフェでは、布製や紙製のナプキンが出てきますから、それで口元を拭くことができます。また、乾燥した気候のため、夏場でもそこまで汗だくになることはないので、少しぐらいの汗なら放っておきます。本格的なスポーツをする場合は、ハンカチではなくスポーツタオルを持参するので、外出先でハンカチが必要になる場面がないのです。

ハンカチがいらないことに加え、ほとんどメイクをしていないフランス人は外出先でのメイク直しの道具もいらないですし、雨に濡れることも気にしないので折りたたみの傘も持ちません。そうなると、出かけるときには、お財布と携帯ぐらいで足りてしまいますね。

以前から、フランス人は外出時の荷物が少ないと思っていましたが、こうして改めて書き出してみると、身軽に暮らすフランス人のライフスタイルに感心してしまいます。

Chapitre 3

Mode

ファッション

ハンカチは持ちませんが、ポケットティッシュを持っている人はそれなりにいます。ただ、このポケットティッシュが、ちょっとくせものです。というのも、日本のものに比べてだいぶ厚みがあり、ゴワゴワしていて鼻をかむと赤くなってしまいそうな堅さなのです。しかし、この堅さにも理由があります。なんとティッシュを一度使って捨てるのではなく、繰り返し使うのです。ちょっと不衛生な感じですが、フランスでは一般的な習慣になっています。少し厚手のティッシュは、日本人が考えるハンカチに近い存在なのかもしれません。

ハンカチとティッシュの使い方を見るだけで、国民性の違いが垣間見えるのはおもしろいですね。

28

見えないところもアイロンがけ

アイロンがパリっとかかったシャツを着ていると、それだけで素敵に見えるものですね。手間をかければ、ちゃんとその効果があるものです。とはいえ、アイロンがけはなかなか大変な作業。できるならやらずに済ませたい思うのは、万国共通ではないかと思います。もちろん、フランスの主婦も同様の思いでしょう。しかし、フランス人はアイロンがけを避けて通ることができないのです。

仕事や育児に追われ、休暇や遊びにも手を抜かないフランス人は、時間をうまく使うために、家事も合理的に進めています。食洗機を使って時短をしたり、お惣菜を買って調理の手間を省いたりして、家事の負担を減らす工夫をしています。

しかし、アイロンがけに関しては、避けて通ることができないばかりか、一番時間をかけていると思います。というのも、フランスでは、シャツやハンカチだけでなく、靴下、下着、バスタオル、ジーンズなど、日本ではアイロンがけをしないようなものまでアイロンをかける習慣があるのです。下着や靴下までアイロンをかけるなんて、想像しただけでもすごい量ですね。

本来、合理主義なフランス人がアイロンがけに多くの時間をかける理由は、水と乾燥機にあります。フランスの水は石灰分が多いことは先の項目でもふれてきましたが、人の肌や髪だけでなく、洗濯物にもダメージを与えゴワついてしまいます。さらに乾燥機を多用するため、洗濯物がますますゴワゴワでシワシワになってしまうので、アイロンをかけないと気持ちよく着ることができないのです。

私はこれまで、様々なフランス人家庭におじゃまして、アイロンがけをしている場面にも、何度となく遭遇してきました。おしゃべりをしながら楽しそうにアイロンがけをしている人もいますが、仕事や育児で多忙なお母さんにとっては、アイロンがけは苦痛のようでした。そんな人はアイロンがけと簡単な掃除のために、家政婦さんを雇っていました。特別お金持ちの家というわけではなく、一般的な家庭です。その家の場合は週に一回来てもらっていました。フランスではベビーシッターを頼むのも一般的なことなので、他人が家に来て家事をすることに関して、とてもオープンなのだと思います。さほど高くない値段で、辛い家事をやってもらえるのは、心身の健康にも良いのでしょう。

わざわざお金を払って人に頼むくらいなら、アイロンをかけなくても良いのでは？　というご意見もありそうですが、見えない部分のアイテムまで、しっかりアイロンをかけるというのは、洗濯の際にシワができてしまうという物理的な問題だけでなく、きれいなものを身につけて、心身ともに美しくありたいと考えるフランス人の美意識とも関係しているように思います。

29

コーディネートは自分らしく

日本の書店に入ると、選びきれないほどたくさんのファッション誌がずらりと並んでいます。カジュアル系、モード系、コンサバ系、ストリート系、フェミニン系、ガーリー系などなど。日本では系統別のファッション誌がそろっているので、好みのファッションについて知りたいと思ったら、すぐに雑誌が見つかります。系統ごとに細分化されたファッション誌が、これほどたくさん展開されているのは、世界中を見渡しても日本だけではないかと思います。そして、とても細かくコーディネートのコツや着回し術が掲載されているので、雑誌を見れば、毎日のコーディネートを考える苦労を減らすことができますね。日本の雑誌はとても親切なので、雑誌というよりファッションの教科書と言っていいかもしれません。

ただ、雑誌に頼ってコーディネートを決めていると、職場や町で同じようなコーディネートの人と遭遇する確率が上がると思います。実際に、ほとんど同じ服を着た人と遭遇してしまったという経験を持つ人も多いと思いますが、そんなときちょっと気まずく感じたとしても、多くの日本人はそれ以上気にすることはないと思います。日本では、「他の人から浮かないこと」を重視している傾向があると感じるので、他の人と似たコーディネートの方がむしろ安心する部分があるのかなと思います。

しかし、日本とは対照的にフランスでは、「他の人と違った格好をすること」を重視しています。それは、奇抜な格好をするというのではなく、「オリジナリティがあるコーディネートを自分で考える」ということです。頭のてっぺんから足の先まですべてをバッチリ決めるのは、むしろやりすぎで、ストールの巻き方や差し色の選び方、アクセサリーの使い方など、どこかに抜け感や遊び心を加え、自分らしい工夫をするというのがフランス人が考えるおしゃれです。それゆえに、〇〇系という系統は、ほぼありません。パリコレなどのハイファッションの世界では少なからずあるかと思いますが、一般的な服装に関しては、系統を気にしている人はいないと思います。ひとりひとりが自分の個性にあった服を好きなように着ることが、本当の意味でのおしゃれの楽しみ方なのかもしれません。

そういう傾向があるせいか、フランスの書店をのぞいてみるとファッション誌の数は、日本ほど多くありません。そして、ファッション誌を買っている人も意外と少ないのです。自分の感覚を信じて、楽しみながらコーディネートを考えるフランス人には、マニュアルなど不要なのでしょう。

この「自分で考える」というのは、フランス人にとってとても自然なことなのです。というのも、小さい頃から、そういうふうに育てられているからです。

私は仕事柄、パリの街角や公園などで、元気でかわいい子どもを見つけると、写真を撮ってもいいかどうかを、まず子どもと一緒にいる親御さんに尋ねます。すると、どの親御さんからも「この子に、直接聞いてちょうだい」という答えが返ってくるのです。それが、二～三歳の小さな子どもだった場合でもです。

そこで私は、しゃがんで子どもと目線を合わせて自己紹介をした後、「あなたの写真を撮ってもいいですか？」と聞いてみます。するとフランスの子どもたちは、自分がどうしたいのかをしばらく考えて、写真を撮っていいかどうかを答えてくれます。会ったばかりの見知らぬ大人を相手にしても、ものおじせずにきちんと答えられる子どもたちには感心するばかりです。

こんなふうに、「子どもに直接聞いて」と言われたのは、一度や二度ではありません。何度も似たようなことを言われるうちに、フランスの子どもは「自分で考える」という体験を日常の中で繰り返すことによって自分の意志をはっきり伝えられるようになっていくことを肌で感じました。

さらに、フランスでは幼稚園の頃から「哲学」にふれる時間があり、クラスのみんなの前で自分の考えを発表するそうです。日本では、大人になっても哲学とは無縁のまま過ごす人が多いと思いますが、幼稚園から哲学とはすごいですね。しかし、議論好きなフランスの国民性や、多くの哲学者や思想家が誕生した国であることを考えると、意外なことではないのかもしれません。小さい頃から自分の意見を持つ習慣が、他の人と同じことをせず自分らしさを表現する基礎となり、個性を育んでいくのでしょう。

フランスの子育てにふれると、日本では幼少期に自分で考えて発言したり行動したりすることが少ないと感じます。ほとんどのものごとは、親やまわりの大人が決めてしまうことが多く、子どもが自分の考えを深く掘り下げる機会は、あまりないと思います。自分で考える機会が少ないことが、ひいては、コーディネートを決める際に雑誌に頼ってしまうことにも影響しているのかもしれません。ファッション雑誌を参考にしながらも、どこかに自分らしいエッセンスを加えたおしゃれを楽しみたいですね。

Chapitre 4

Accessoires de mode

ファッション小物

30

傘をささずに身軽に歩く

パリの街を歩いていると、学校に通う子どもたちの登下校の場面に遭遇することがあります。以前、雨の日に子どもたちを見かけたとき、その光景がちょっと不自然なことに気がつきました。ほとんどの子どもが、傘をさしていないのです。

子どもたちは、フードつきのカラフルなレインコートに身を包んで、ニコニコしながら楽しそうに歩いていますが、傘がないので雨に濡れています。なぜ傘をささないのか不思議に思って知人に尋ねたところ、びっくりする答えがかえってきました。

日本では考えられませんが、フランスの小学校では、基本的に傘の使用が禁止されているそうです。傘を振り回して、子どもたちがけがをしては大変というのがその理由だそう。たしかに、傘をふりまわす子もいるかもしれませんが、雨の日に傘が使えないとは驚きでした。各地に古城が残り、騎士の文化を身近に感じているフランスの子どもたちは、傘を剣に見立てて遊んでしまうことが多いのでしょうか。もしくは、スターウォーズごっこかもしれませんね。

このことを知って、ひとつ納得したことがあります。以前日本のクライアントさんから、雨の季節をイメージした写真をパリで撮って欲しいという依頼がありました。男の子が傘を持っている写真を撮ることにしたのですが、その際、子ども用の傘がなかなか売っていなくて、見つけるのに苦労したのです。子どもたちはレインコートを使うのが普通で、傘は使わないと知って、子ども用の傘がほとんど売っていなかった理由が分かりました。

こうして、子どもの頃から傘をささずにレインコートですごすことが習慣になっているためか、フランス人は大人になっても基本的に傘をさしません。日本人から見たら、「傘をさした方がいいのでは？」と思うような、本降りの雨の中でも、何事もないように普通に歩いています。フランスは乾燥した気候で、濡れてもすぐに乾くとはいえ、風邪をひいてしまわないか、ちょっと心配になります。

外出時の荷物は、なるべく少ない方が良いと考えるフランス人にとって、手がふさがってしまう傘を持ち歩くより、フードつきのレインコートの方が便利に感じるのでしょう。

そういえば、親しくしているフランス人の家族が日本に来たとき、ちょうど台風のシーズンで頻繁に雨が降っていたのですが、フランス流に傘を持たずに観光をしていました。しかし、さすがの雨量にまいったようで、ビニール傘を買っていました。少ない荷物で身軽に動くことを信条としているフランス人にとっても、日本の雨は強烈だったようです。時には旅先の習慣を取り入れる方がいいこともありそうですね。

31
手袋ひとつで気分を変える

近年は暖冬傾向にありますが、それでも冬になると、指先が冷えやすい女性にとって手袋は必需品ですね。防寒としてのイメージが強い手袋ですが、この頃は日焼け対策として春夏でもロング丈の手袋をつける人を多く見かけます。また、手荒れのひどい人は、寝る時にハンドクリームをたっぷり塗った手を綿の手袋で保護して休むといいようですね。

こうしてみると日本での手袋の役割は、防寒や日焼け防止など手を保護する実用的なアイテムとして考えられていると思います。

フランスでも、手袋はもちろん防寒のための必須アイテムです。しんしんと冷え込む冬は、手袋なしではとても過ごせません。防寒用の手袋はやわらかくて上質な革製が主流で、有名な専門店もあります。自分の手にぴったりのサイズの手袋はとても心地が良く、一度使うと手放せなくなるようです。

フランスでは手袋は、防寒用以外に、女性らしさをアップするアイテムとしても広く使われています。実用性や合理性を優先するフランス人が、ドレスアップのために手袋を愛用しているのは、それだけ手袋に歴史があり、フランスの暮らしに根づいているからだと思います。古くは儀式などで使われていた手袋も、時代を経るごとに女性の装飾品として欠かせないものとなり、現在に受け継がれているのです。ロング丈の手袋やレースの手袋など、ドレスアップするための手袋はアクセサリーの一部と考えられているため、パーティーなどの時につけたままで挨拶の握手をしたり、食事をしても失礼にはあたらないそうです。手袋をしていると上品で優雅に見えるので、パーティーで好まれるのでしょう。

また、以前パリのマダムを撮影した時、いざ撮影しようとした瞬間、ちょっと

Chapitre 4

Accessoires de mode
ファッション小物

待って下さる？　と言われ、しばらく待っていると、奥の部屋から素敵な手袋をはめて現れました。日本ではネイルに凝る傾向がありますが、さりげなくアクセントになる手袋のおしゃれはとてもフランスらしく、上品なで印象的な写真を撮影することができました。

現在、フランスを代表する手袋の専門店がいくつかありますが、いずれも百年以上続く老舗で歴史を感じますし、製品の品質も折り紙つきです。そして、パリコレなどで話題になるハイブランドのための手袋も多数手がけているそうです。職人の確かな技で作られた手袋は、女性の手元の美しさを際立たせてくれること間違いなしです。

色も素材も豊富で、かさばらず手軽に使える手袋。日本でも、防寒や日焼け対策として使うだけでなく、おしゃれアイテムとしても、もっと活用したいですね。

32

サングラスは必需品

フォトグラファーの私は、パリで子どもの撮影をすることが多いのですが、ある時、いつもモデルを頼んでいる女の子の家に行ったら、かわいいサングラスをちょっと自慢げにかけて、はしゃぎ回っていました。小さな女の子でも、サングラスが様になっているなあと思いながら、その姿を撮影させてもらいました。フランスに限らず欧米の国々へ行くと、小さな子どもたちやベビーカーに乗った赤ちゃんが小さくてかわいいサングラスをしている姿を目にすることが多いように思います。

子どもの頃からサングラスだなんて、ちょっと生意気に思われるかもしれないですが、欧米人にとってサングラスはファッションアイテムである以前に、目の健康を守る必需品なのです。フランス人の瞳はブルーやグリーンなど色が薄いため、日本人の黒い瞳以上に太陽の光を眩しく感じ、紫外線が目を痛める原因に。そのため、子どもの頃からサングラスを愛用しているんですね。フランスでは、サングラスを作るときに目の検査が必要で「瞳が日差しに耐えられる強度」も調べるそうです。サングラスで保護しないと、水晶体にダメージを与えてしまい、白内障になってしまったり、最悪の場合、失明につながることもあるそうです。

大人にとっても同様で、目を守るためにサングラスを使っています。そういった実用的な理由なのに、フランスの人たちがサングラスをかけている姿はとてもおしゃれですね。ファッション的な面をバランスよく考えながら、自分にとって一番似合うものを選んでいるからなのでしょう。人気があるサングラスは、第一

Chapitre 4

Accessoires de mode
ファッション小物

に軽いもの。フレームがカラフルなものも人気です。黒や茶色だけでなく、個性的な色のフレームはファッション的にコーディネートのアクセントになりますし、遊び心も表現できるので、こだわりの強いフランス女性にも好まれるのでしょう。また、フランスの女性がサングラスを選ぶ時は、目と目のまわりをしっかり保護できるように、大きめのものを選んでいるようです。

温暖化の影響で、世界中のあらゆる場所で紫外線が強くなっている今、世界のどこにいても、年齢を問わずサングラスは必要だと思います。そして、いつまでもきれいな瞳でいることは、いきいきと生きることにもつながります。目の健康を守りながら、自分らしさを表現できるサングラスをおしゃれに使いたいですね。

33

おしゃれな靴より実用的な靴

パリの街を歩くと、素敵なデザインの靴がショーウィンドウに並んでいて、ついつい足を止めて眺めたくなります。カラフルなデザイン、美しいフォルム、自分で履くのは難しそうな高いヒールの靴でも、眺めていると楽しいものですね。

そして、フランスの女性は、こんなに高いヒールの靴を毎日履いているの!? と驚いてしまいますが、フランス人の日常にふれると、とても実用的な靴を選んでいることが分かります。街のショーウィンドウに並んでいるような高いヒールの

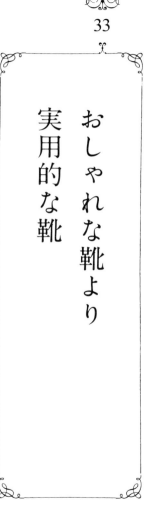

靴を愛用している人は、ほとんど見かけません。

では、どんな靴を履いているかというと、フランス女性の足元の定番は、スニーカーとブーツ、そしてサンダルやフラットシューズです。街中には石畳の道も多く、アパルトマンはエレベーターがなく階段だけという古い建物も少なくありません。またフランス人は活動的でフットワークが軽いので、足元は履きやすさと機動性を重視して選んでいるのだと思います。服装も、スカートより動きやすいジーンズを愛用する人が多いので、スニーカーやブーツはコーディネートのうえでも相性バッチリです。

夏の定番はサンダルです。日本のようにヒールが高いサンダルではなく、フランスではかかとがぺたんこでフラットなサンダルが主流です。サンダルの時は、もちろん素足です。フランス人は、もともと開放的ですし、最近はフランスも猛暑に見舞われることが多くなっているので、年齢を問わず素足にサンダルという姿で颯爽と歩いています。

Chapitre 4

Accessoires de mode
ファッション小物

フランスで靴を買うというと、高価なものしか無いように思われるかもしれませんが、おしゃれな靴を安価で買う方法はたくさんあります。在庫処分のような形で、いい靴を安く売っているお店があったり、フリーマーケットで掘り出し物が見つかったり。衣料品を扱っているスーパーでも、手頃でおしゃれな靴に出会えることがあります。ある年の夏、セールの時期にスーパーに行くと、足先に白い花のモチーフをあしらったかわいいサンダルを売っていました。あまりにかわいかったのと、値段が手頃だったので、即購入。安価なサンダルだったので、すぐにダメになってしまうかなと思ったのですが、意外と丈夫で長持ちしています。パリでは、安いからといってデザインが悪いことはないので、スーパーのアイテムも見逃せません。

冬になると、石畳の歩道からしんしんと冷えるため、防寒のためにしっかりしたブーツを履いています。パリに雪が降って積もることはめったにないですが、パリは北海道と同じぐらいの緯度にあるので本当に寒く、かなりしっかりした

ブーツがないと冬を乗り切れないのです。

ちなみに、フランス人は足の幅が細身なので、靴も幅が狭く作られています。フランスに旅行に行くと、素敵な靴に出会うこともあると思いますが、日本の靴より幅が狭く、日本人の足に合わないことも多いので、しっかり試し履きをしてから買うことをおすすめします。以前、デザインにひかれて買ったものの、履いているうちに痛くなって、そのまま履かなくなったブーツやパンプスが私の家にも積んであるので。足にあった靴で、軽やかに街を歩きまわりたいですね。

34

特別な日は帽子で気分をあげる

ボーダーのTシャツにネイビーのスカート、そしてベレー帽。フレンチスタイルのファッションをイメージするとき、ベレー帽はとても重要なアイコンになっていますね。女性のファッションだけでなく、公園で遊んでいる子どもたちがベレー帽をかぶっている姿もかわいいですし、年配の男性がベレー帽やハンチング、キャスケットなどをおしゃれにかぶっている姿も、よく目にします。寒い時期には、防寒用のニット帽もかかせません。年代を問わず、フランス人の暮らしの中には帽子が根づいているように感じます。

また、帽子の専門店でオーダーメイドをして、世界にひとつだけの帽子を手に入れることも可能です。華やかなデザインで、広いつばがついた帽子は日常的にかぶるものではありませんが、特別な日には、おしゃれをしてかぶります。例えば、競馬場に行く時がそうです。

フランスでは毎年十月の最初の週末に世界的に有名な競馬のレース『凱旋門賞』がパリ郊外のロンシャン競馬場で開催されます。私も一度見に行ったことがありますが、世界中から競馬ファンが集まるので、ものすごい熱気に包まれています。レースも盛り上がりますが、もうひとつ、私たちの目を楽しませてくれるのは、会場に集まるマダムの帽子です。もともと貴族の楽しみとして発展した競馬は由緒ある娯楽なので、正装で参加する人もいて、なかでもマダムたちの華やかな帽子は名物のひとつなのです（とはいえ、多くの人はカジュアルな普段着で観戦にきています）。

アートとファッションの国だけあって、独創的な形の帽子や素材に凝ったもの、色づかいが大胆なものなど、印象的な帽子をたくさん見ることができます。

そんな個性的な帽子を自分らしく被りこなしているフランスの女性たちは、すごいなあと感じます。

すてきな帽子といえば、パーティーなどでかぶるベールの付いた小ぶりの帽子、bibi（ビビ）があります。bibiは、帽子というよりヘッドアクセサリーという位置づけ。ロイヤルファミリーの結婚式などに参加する女性がつけている、ちょこんとしたかわいいあの帽子です。

以前、パリのアンティーク市に行った時、かわいいbibiがズラリと並んでいてひと目惚れしてしまい、使う予定もないのに、うっかりまとめ買いをしてしまったことがあります。それほど、繊細で魅力的な帽子でした。

職人の手仕事で作られた美しい帽子を身につけると、心が弾んで、ちょっと特別な気分になれるものです。気分転換をしたくなったときや、大切な記念日などに、いつもとは少し違ったおしゃれをして帽子をかぶってみるのもいいですね。

35

眼鏡だけはブランド品を

フランスでは子どもが眼鏡をかけていると、たくさん勉強している賢い子だと思われて、一目おかれる存在になります。フランス人にとって眼鏡は、賢さを表すアイテムなのです。

とはいえ、眼鏡をかけて賢いと言われていた男の子や女の子も、年頃になるとコンタクトに切り替える場合が多いのですが、そこはオリジナリティを重視するフランス人。個性を表現できる眼鏡を好む眼鏡派も多く、そのまま眼鏡をかけ続ける人たちは、遊び心のあるひと味違ったフレームを愛用しています。

服や装飾品にはあまりお金をかけないフランス人ですが、唯一お金をかけるアイテムが眼鏡で、高級ブランドの眼鏡を買う人が多いです。フランス人が倹約家だということを考えるとなんだかちょっと意外ですね。

理由はいくつかありますが、ひとつは、眼鏡の位置づけが個性を際立たせるおしゃれアイテムであるということ。日本では、眼鏡は視力矯正の必需品で、サングラスがおしゃれアイテムというイメージが強いと思います。しかしフランスでは、サングラスが目を守るための必需品で、眼鏡の方がおしゃれアイテムとして捉えられているのです。そのため、日本のようなシンプルなデザインよりも、色も形も遊び心のあるフレームがたくさんあり、他の人がかけていないひと味違ったフレームを見つけることができます。オリジナリティを大切にするフランス人にとって、個性をアピールしつつ顔の印象も決める眼鏡選びは服のコーディネート以上に重要なことなのでしょう。

眼鏡を買う人が多いもうひとつの理由は、眼鏡代が保険でカバーされるということです。フランスでは、眼鏡は医療機器として認められているため、申請すると眼鏡代の一部が戻ってくるそうです。日本のように数千円程度の手頃な値段ですぐに買える眼鏡がないフランスでは、眼鏡代が補助されるというのは非常に大きなメリットです。ちなみにフランスでは、きちんと眼科に行って処方箋をもらって眼鏡を作るのですが、眼科が混んでいて仕上がりまでに月単位の時間がかかるうえ、金額も高く、安いものでも数万円してしまうのです。そう思うと、手軽に眼鏡が作れる日本のシステムはありがたいですね。

金額が高く、めったに作り直せないからこそ、丈夫で長持ちする高級ブランドの眼鏡を選ぶ傾向にあるのでしょう。それに、高級な眼鏡は、カジュアルな服装をちょっと格上げしてくれるファッションのスパイスにもなってくれます。

眼鏡選びからも、フランス人のこだわりと、他の人と違うおしゃれを楽しむというエスプリを感じます。

36

子どもの頃からピアスは定番

フランスで子どもたちを撮影していると、ピアスをしている女の子をよく見かけます。小学生以下の子でもピアスをしていて、こんなに小さいうちからピアスをしているなんて！　と、最初は驚きましたが、あまりにしている子が多いので、フランスでは普通のことだと感じるようになりました。

日本では、年頃になっても親の反対でピアスができないという話もあるぐらいなので、小さな子どもにピアスをさせるのは抵抗があると思いますし、実際、子どもにピアスをあけることは、ほとんどないと思います。しかしフランスではまったく抵抗がなく、あたりまえのこととして捉えられているようです。

フランスの子どもがピアスをするタイミングとして、ひとつには、キリスト教の洗礼式があげられると思います。

次に多いのは、学校などで友だちがつけているのを見て、自分もピアスをしたくなって、というタイミングです。

数年前、親しくしているフランス人の女の子の十歳のお誕生日会に呼んでもらったことがありました。誕生日にあわせてピアスをあけたといって、とてもうれしそうに耳元を見せてくれました。その日、同級生のお友だちからは、ネックレスやブレスレットなどのアクセサリーをもらっていました。小学生の頃から、アクセサリーに対して関心が高いことを目の当たりにした一日でした。

また、様々な人種が共存し、多様なルーツを持つ人々が暮らしているフランスでは、それぞれの文化を反映したピアスのあけ方もあるようです。

例えば、アフリカでは魔除けとして、生まれてまもない子どもにピアスをする文化があるそうです。スペインや南米などでも、女の子が生まれたら、なるべく

Chapitre 4

Accessoires de mode

ファッション小物

早い時期にピアスをさせるとか。また、生活に困ったときにピアスを売って、しばらくは食べていけるようにという思いをこめて、子どもにピアスをあけ貴金属を身につけさせる地域があるという話も聞いたことがあります。いろいろな思いをこめて、ピアスをあけているんですね。

また、フランスの学校のほとんどは制服がありません。中学、高校も私服で、みんな、好きな服を着て通学しています。といっても、派手な格好の子は、ほとんどいません。ジーンズにパーカーなど、シンプルで動きやすい服装が主流です。そういうベーシックなファッションの中に、ワンポイントとして、ピアスが華を添えています。学校でも個性が尊重されているので、小さいときと変わらずピアスをつけて通学しているんですね。

こうして、子どもの頃からあたりまえのこととしてピアスをつけているので、大人の女性にとっては、もはや体の一部という位置づけのようです。

男性がアクセサリーを身につけることも、ごく普通のこととして受け入れられているので、ピアスをしている人もよく見かけます。ピアスをつけているからといって仕事に支障が出ることもありません（鼻ピアスなど、特殊な場所につけている場合は職種を選びますが)。

フランス人にとっては、ハンカチやティッシュより、ピアスの方が毎日身につける身近なもののようですね。

37

乾燥してもマスクはしない

風邪の予防や花粉症対策、大掃除のときまで、日本では一年を通して活躍するマスク。日本のドラッグストアでは、色や形、そして機能も多種多様なマスクがところ狭しと並び、どれを使えばいいか迷うほどですね。

フランスは日本以上に乾燥しやすい気候なので、年末年始にパリにいると寒さと乾燥で必ずといっていいほど喉を痛めてしまいます。なので、できればマスクを使いたいのですが、パリではマスクをするのを少し躊躇してしまいます。というのも、フランスではマスクをする習慣がなく、街でもマスクをしている人を見かけないばかりか、場合によっては隔離されかねないからです。

なぜなら、フランス人がマスクを使うときは、深刻な感染症にかかってしまったときぐらいで、うっかりマスクをしていると、感染症にかかった病人だと思われて隔離されることさえあるのです。なので、少し喉が痛むとか風邪予防という程度の理由ではマスクをしないため身近なアイテムではないのです。

また、昨今のテロの影響で、フランスでは、顔を隠すことが法律で禁じられているようで、さらにマスクは出番がなくなっています。日本人旅行者がマスクをしていても警察に捕まることはないと思いますが、銀行など、場所によっては入れない可能性があるので、旅行中は少しお気をつけ下さい。

こういった理由から、気軽にマスクを使う習慣がないため、パリの街に溢れているドラッグストアに駆け込んでも取り扱っていることが少なく、見つけるのは至難の業です。一応、フランスにもマスクは存在しますが、日本のように多様な種類があるわけではなく、旧式でシンプルなものしかありません。フランスは、一年を通して乾燥しがちな気候なので、マスクがあれば便利だと思うのですが、先に書いたとおり根づいている習慣がずいぶん違うので、マスクの利用は簡単には定着しないかもしれません。

そんなわけでマスクは使われていませんが、フランスの乾燥はかなり強力なので、何の対策もしないで冬を過ごすのは厳しいものがあります。フランスの友人たちを見ていると、マスクをしない代わりに、マフラーやストールを巻いて首元をあたためて、喉をしっかりと守っているように思います。首だけでなく、口元まで覆っている人も見かけます。冬場はもちろん、夏場でも朝晩は冷え込むことが多いので、年間を通して、首や喉を気づかっています。カラフルなストールは、おしゃれのためだけでなく、健康管理のための必需品でもあるようです。

38

バッグがなくても困らない

たくさんの高級ブランドが軒を連ねるパリの街。世界中から集まる観光客のほとんどが、「すてきなバッグを買いたい！」と思って、お目当のブランドの本店にいそいそと足をはこんでいると言っても過言ではないと思います。洗練された多種多様なバッグが星の数ほど揃うパリは、間違いなくバッグ天国と言えるでしょう。

しかし、世界中の人々が憧れるパリに住んでいるフランス人は、高級ブランドバッグをあまり持ち歩いていません。海を越えてパリまで買い物に来ている観光客から見ると、「すぐに買える場所にいるのに、どうして買わないの？」と不思議に思うかもしれませんが、倹約家のフランス人にとって、高級ブランドのバッグは、さほど魅力的には思えないのかもしれません。バッグひとつの値段で、家族で旅行に行けるなら、間違いなく家族旅行を選ぶでしょう。それだけ「物」に対する執着がなく、「体験」などを重視する傾向にあります。

出かける時は、なるべく手ぶらか、持って行くとしてもお財布が入る程度のポシェットぐらいでしょうか。これまで、何組かのフランス人家族が来日した際、東京近郊を案内をしましたが、みんな、ほとんど手ぶらで驚きました。旅行中でも手ぶらなのですから、日常生活に関しても荷物が少ないのは納得です。

フランス人が、かばん類でこだわりを持っているとしたら、買い物カゴとエコバッグではないかと思います。温暖化対策やエコに対して、早くから取り組んでいるフランスでは、かなり前からレジ袋の使用が中止されています。そこで、大活躍しているのがヤシや藤（トウ）で編まれた定番の買い物カゴ。パリの街の様々な地域で開催されている朝市では、新鮮な野菜や果物が所狭しと並べられています。そして、無駄なく買えるように、必要な分だけ選んで買うことができます。買った野菜や果物は何かで包むことなく、そのまま買い物カゴに入れて持ち帰ります。これだと、レジ袋や包装紙などのゴミが出なくて済むので、地球にとってやさしい買い物方法ということになります。日本も、かつては買い物カゴを使うのが普通だった時代があります。フランスのように、買い物カゴを使ってゴミの出ない買い物スタイルに戻せると良いですね。

フランスの買い物カゴは、おしゃれなデザインのものがたくさんあります。毎日使うものだからこそ、使いやすさやデザインにこだわって選んでいるように感じます。スーパーでは丈夫で使いやすいカラフルなエコバッグを安価で売っています。こちらもとても買いやすく、便利です。また、老舗の書店や博物館といった場所では、シンプルでありながらしゃれたデザインのトートバッグを販売しています。日常的に使うのはもちろん、ちょっとしたギフトにもなるので、旅行のお土産にも便利です。高級なバッグや重い荷物を持つより、実用性や身軽で動き

やすいことを尊重するフランス人の考え方を、今度新しいバッグを買うときに、
ちょっと意識してみたいですね。

39

アクセサリーは大胆に

パリの中心にある有名な広場のひとつ、バンドーム広場。ここには、世界有数のジュエリーショップが店を構え、ショーウィンドウには、とても手が出ないような金額のアクセサリーが美しくディスプレイされています。ダイヤモンドやルビーなどがあしらわれ、マリーアントワネットが着けていたようなきらびやかな指輪やネックレスは、ため息混じりに眺めるのが精一杯です。

一方、手が届く掘り出し物のアクセサリーを見つけるには、蚤の市やフリーマーケットを巡るのも楽しいものです。蚤の市では、高級なアンティークを扱う店から個性的なアイテムを売っている店まで種類も価格帯も幅広いので、とても気軽に買い物を楽しむことができます。フリーマーケットは、様々な地域で定期的に開かれていて、主に家で使わなくなったものが売られていますが、そこはセンスの良いフランス人。もともとおしゃれなアイテムを買っていますから、不用品といってもおしゃれなものがたくさん並んでいます。価格も交渉次第ですし、極端に安くて1ユーロなんていうこともあるので、お宝を見つけられるかもしれませんね。

フランスでは、服を多く買う人よりアクセサリーを使ってコーディネートをアレンジする人の方が多いようです。誰かと同じ既製品の服を着ていたとしても、アクセサリーなどの小物づかいで個性が出せるからなのでしょう。シンプルな服に、ワンポイントでインパクトのあるアクセサリーをつけるのが、フランス流のアクセサリー術のように思います。しかも、高価なものより他の人が持っていないような個性的なアクセサリーが人気があります。例えば、アーティストが作った一点ものや、エスニックテイストのもの、アフリカンテイストのものも人気です。フランス人から見ると、アジアやアフリカはエキゾチックな魅力に溢れているのです。アクセサリーのモチーフも、繊細なものよりダイナミックなものの方が人気があると思います。存在感のあるものといえば良いでしょうか。例えば、動物や昆虫だったり、楽器やステンドグラスだったり。アフリカのお面のようなものも、よく見かけます。

そういう大人たちの姿を見ているからか、子どもたちもアクセサリーには興味津々です。もちろん、高価なものを持っているわけではありませんが、女の子たちは自分なりに工夫して、おしゃれを楽しんでいます。仕事で子どもたちの誕生会を撮影に行く機会が多々ありますが、誕生会にお呼ばれした女の子たちは、カラフルなブレスレットを重ねづけしていたり、ネックレスを何本もかけていたり、おしゃれな形で光沢のあるシールをアクセサリーのように腕に貼ったり、思い思いにおしゃれを楽しんでいました。

日本では繊細なアクセサリーが主流のように思いますが、たまにはパリジェンヌやパリマダムのように大胆にアクセサリーをつけてみると新しい発見がありそうですね。

あとがき

これまで、フランスの子どもに関する本を作ることが多かった私にとって、女性のライフスタイルを紹介したこの本の制作はとても新鮮で、美しさのカギについて改めて考える機会になりました。高級なものを身につけたり、凝ったメイクをしているわけではないのに、輝きを放っているフランスの女性たち。写真をセレクトしながら、その魅力を再確認しました。本文中でもふれていますが、自分

らしさを大切にするフランスでは生き方も考え方も多様です。なので、この本で紹介している美容法とは違うものを好む方も少なからずいるでしょう。そんなところにも、まわりに流されない意志の強さを感じます。

日本では自分らしさを大切にしたいと思っても、生活をとりまく情報が膨大で流されがちな気がします。これからの時代は、自分にとって本当に有意義な情報を選び取ることが求められていくのでしょう。取捨選択するのは、ある意味「引き算」ですね。

頑張りすぎず、暮らしのどこかでちょっと手を抜くことで心と体の負担を減らすことが何よりの美容法であり、笑顔と元気を持続するカギになると思います。新たに始まった令和の時代は、暮らしの中で「引き算」を意識して過ごしたいですね。

2019年5月吉日　MIKA POSA

MIKA POSA　ミカ ポサ

フォトグラファー
東京生まれ。パリ、東京を拠点に子どもたちの日常やファッションなど人物を中心に撮影。フランスを代表するファッションデザイナー　アニエスベーに写真を評価され、同ブランドのカタログや、パリのブティックの店頭ポスターなどを手がけている。他に「ジル スチュアート」「レペット」「ディズニーストア」などのカタログやフジフイルムのカレンダーなども撮影。スイーツ好きとしても知られ、『地球の歩き方』別冊にパリの達人として登場。著書も多数あり、『世界のともだち　フランス』（偕成社）は、児童福祉文化賞、産経児童出版文化賞大賞を受賞。『フランス人の部屋にはゴミ箱がない』（PHP 文庫）は国内で話題となり、海外でも翻訳版を出版。他に『パリの子どもの一週間』『パリの子どものおしゃれノート』（産業編集センター）、『パリのちいさなバレリーナ』（講談社）、『おしゃれプロジェクト』（講談社青い鳥文庫）、『旅するフォトグラファー』（同友館）など。

フランス式
おしゃれの引き算

2019 年 6 月 13 日　第 1 刷発行

MIKA POSA ／著
ME&MIRACO（塚田佳奈）／ブックデザイン
alphaville ／ DTP
松本貴子・小川真梨子／編集

発行／株式会社産業編集センター
〒 112-0011　東京都文京区千石 4 丁目 39 番 17 号
TEL 03-5395-6133　FAX 03-5395-5320

印刷・製本／株式会社東京印書館

ISBN978-4-86311-229-2　C0095